DONO DO PRÓPRIO NARIZ

Ao Chico.
Meu pai.
Um empreendedor.

ROCCO

DONO DO PRÓPRIO NARIZ

REFLEXÕES PARA QUEM SONHA COM UMA VIDA SEM CHEFE NEM CRACHÁ

ADRIANO SILVA

Copyright © 2016 Adriano Silva

Direitos desta edição reservados à
EDITORA ROCCO LTDA.
Av. Presidente Wilson, 231 - 8º andar
20030-021 - Rio de Janeiro - RJ
Tel.: (21) 3525-2000 - Fax: (21) 3525-2001
rocco@rocco.com.br
www.rocco.com.br

Printed in Brazil/ Impresso no Brasil

Capa e projeto gráfico: Luiz Stein

CIP-Brasil. Catalogação na fonte.
Sindicato Nacional dos Editores de Livros, RJ.

S578d   Silva, Adriano
     Dono do próprio nariz: reflexões para quem sonha com uma vida sem chefe nem crachá/Adriano Silva. – 1ª ed. – Rio de Janeiro: Rocco, 2016.
     (O executivo sincero; 3)

     ISBN 978-85-325-3031-8

     1. Empreendedorismo. 2. Sucesso nos negócios. 3. Técnicas de autoajuda. I. Título. II. Série.

16-32745

CDD-658.11
CDU-658.016.1

Sumário

1. Para começo de conversa 7

2. E aí, vai empreender? 13

3. Ter sócios ou seguir sozinho? 93

4. Cá entre nós, que gostamos
   da vida sem patrão... 105

5. Aprendendo com Walt, Alfred & Steve.... 147

6. Um cinto de utilidades
   para o empreendedor 175

7. Antes de dizer tchau 249

I - PARA COMEÇO DE CONVERSA

Talvez você seja um empresário. Empregue um bocado de gente. Tenha um negócio bem estabelecido, estável. E atenda seus clientes há muitos anos mais ou menos do mesmo jeito.

Talvez você seja um empreendedor, à frente de uma *startup* inovadora, chegando ao mercado com uma proposta de valor diferenciada e disruptiva.

Talvez você tenha herdado uma empresa familiar. E sinta a pressão de entregá-la viva à próxima geração – ou de passá-la a seus filhos, se possível, em condições melhores do que aquelas em que a recebeu de seu pai ou de sua mãe.

Talvez você tenha comprado uma empresa, um ponto, contratado uma franquia – e esteja querendo entender o que fazer agora, como botar isso para funcionar, como aumentar o valor desse ativo.

Talvez você tenha um sócio com quem dividir a operação. Talvez você tenha um sócio capitalista – que botou uma grana no negócio, mas não se envolve no dia a dia. Ou talvez *você* seja o sócio capitalista.

Talvez você tenha quebrado uma empresa – e ache que o empreendedorismo é o pior dos mundos. Talvez você tenha quebrado mais de uma empresa – e já esteja pilotando outra, a próxima, sempre olhando para frente, com esperança.

Talvez você esteja, nesse momento, em maus lençóis com seu empreendimento, procurando uma saída para não falir. E pensando que bom seria ter um emprego. E se prometendo intimamente que, se conseguir sair dessa, vai passar o negócio adiante e nunca mais vai se meter com isso.

Talvez você tenha um emprego e morra de medo de largá-lo. Talvez você esteja morrendo de tédio e desesperança em seu emprego. Talvez você esteja desempregado – e esteja considerando retomar o caminho profissional com uma CNPJ e não mais com um CPF.

Talvez você pense em empreender movido pela chance de ganhar mais dinheiro – desconsiderando que pode torrar uma grossa fatia da sua poupança também. Talvez o que lhe mova seja a chance de trabalhar com mais propósito, fazendo algo mais próximo dos seus valores, daquilo que você acredita e do que quer de verdade para si mesmo – desconsiderando o tanto que terá de ralar e de se adaptar para fazer seu aviãozinho levantar voo e se manter no ar.

Talvez você tenha uma boa ideia e precise de financiamento. Talvez você tenha uma grana para investir e esteja em busca de uma boa ideia. Talvez você tenha o dinheiro e a ideia, mas precise de um bom executor para tirar o projeto do papel e para transformar sua visão em realidade. Talvez você seja o sócio que vai entrar com a força de trabalho.

O empreendimento habita a cabeça de muitos de nós. Inclusive daqueles que ainda não deram o salto. Para uns, o empreendimento é um sonho, uma promessa. Para outros, um pesadelo, uma má recordação. Para uns, soa como música. Para outros, incomoda e debilita como insônia crônica.

O empreendimento é um mundo com regras próprias. Quem vem do emprego precisa reaprender a ganhar – e a gastar – dinheiro. Não há mais chefes – agora há clientes. Não há mais pares – agora há sócios.

Não há mais salário. Não há limite para o que você pode ganhar. (E nem para o que você pode perder.) E também não há garantias mínimas. No empreendedorismo, você está solto no ar, flutuando no vácuo. Pode subir à estratosfera. Pode cair e se esborrachar no chão.

No empreendimento, o patrão é você. O investimento é seu. A responsabilidade é sua. O dinheiro da empresa entra no seu bolso. Mas também *sai* dele – e as necessidades da empresa às vezes *esvaziam* seu bolso, em vez de enchê-lo.

Não é fácil ser dono do próprio nariz.

Este livro encerra a trilogia *O Executivo Sincero*, que teve o primeiro volume, *O Executivo Sincero – Revelações subversivas e inspiradoras sobre a vida nas grandes empresas,* lançado em dezembro de 2014, e o segundo, *O Executivo Infeliz – Confissões sobre ansiedade e depressão – e sobre como lidar com elas,* lançado em setembro de 2015.

O primeiro livro da série é um papo reto com quem tem um emprego, com quem vive o mundo corporativo e habita a vida executiva.

O segundo é uma conversa radicalmente sincera sobre o impacto emocional das nossas rotinas, sobre os sentimentos corrosivos, muitos deles surgidos ou potencializados pelo mundo do trabalho, que a maioria de nós evita encarar.

Este terceiro volume trata da vida sem crachá, sem holerite, sem benefícios, sem salário – enfim, da dura e fascinante aventura do empreendimento.

Eu fui executivo. Fiz a transição para o empreendedorismo. Virei empresário. Senti – e sinto – todas aquelas emoções, inclusive as negativas, vibrando dentro de mim. Ao longo dessa trilogia, busquei expor as minhas verdades, compartilhar as minhas aprendizagens com você, de modo transparente.

Que você possa fazer bom uso dessas reflexões em sua vida e em sua carreira. Esse é o meu desejo.

2
E AÍ, VAI EMPREENDER?

JÁ PENSOU EM EMPREENDER?

Se você pudesse pegar toda a ansiedade de quem busca entrar no mercado de trabalho, ou toda a angústia de quem está desempregado, ou todo o estresse de quem está metido em um trabalho desumano, ou todo o desgosto de quem está num emprego que detesta, e pudesse jogar esses sentimentos numa máquina que produzisse, do outro lado, um estoque de energia vital, e se você pudesse depois usar essa energia para empreender, para inventar produtos e negócios, para inovar, o mundo estaria salvo. E você também.

No começo dos anos 90, um governante alemão disse que no país dele tinha muito gerente e pouco empresário. Tinha muito candidato a executivo e muito pouco candidato a empreendedor. A frase é ótima. E muito significativa. Serve para a Europa quase toda. E também, em boa medida, para o Brasil.

Nada melhor, para espantar o baixo-astral das entressafras profissionais, para afastar aquela pontinha de depressão que bate toda vez que a gente se dá conta de como é difícil sobreviver e se desenvolver no mundo do trabalho, do que andar para frente, do que correr atrás de um objetivo e esculpir um sonho.

Nada melhor, para serenar o coração e manter a mente focada, do que estar de pé, em movimento, construindo algo.

Nada pior do que ficar em casa, triste, em cima do sofá, abafado embaixo de um cobertor velho, vendo programas antigos na TV, morrendo de pena de si mesmo e assistindo à autoestima baixar, dia após dia.

Criar é preciso. Agir é preciso. Apostar é preciso. Se mexer é preciso. Quando você injeta energia positiva em sua vida, uma outra realidade (ou uma outra *percepção* da realidade) costuma florescer, gerando uma perspectiva mais ensolarada e mais otimista.

A frequência que você escolhe para se conectar à vida faz toda a diferença no tipo de vida que você terá. Isso se chama *atitude*. Se você não deixar de sorrir, mesmo nos momentos mais difíceis, outros sorrisos espontâneos surgirão naturalmente à sua frente, à sua volta. No rosto de pessoas que podem ser decisivas para a sua situação melhorar ou piorar.

Se você, ao contrário, se entregar ao mau humor e ao negativismo, o buraco não vai parar de crescer – com você dentro dele, é claro. Para sair do lugar é preciso dar o primeiro passo. Quem não se arrisca não chega a lugar algum. E quem carrega uma nuvem chuvosa sobre a cabeça não consegue atrair a companhia – e nem sequer a simpatia – de ninguém que valha a pena. Atrai, no máximo, a compaixão alheia. O que não serve para nada. Ou só serve para estimulá-lo a também sentir pena de si mesmo – o que é uma anestesia deletéria.

Empreender envolve riscos. Assim como casar, nascer, comer, beber, atravessar a rua. Mas talvez o maior risco de todos seja cruzar a vida sem nunca tentar a mão num empreendimento. Sem nunca ter se arriscado a dar muito certo e a se dar muito bem. A necessidade é a fonte de energia da criatividade. Boa parte das melhores ideias de negócio já surgidas no mundo partiu de alguém enfrentando algum tipo de dificuldade.

Qual o caminho? Tudo começa por conhecer a si mesmo, saber o que você faz bem e o que gostaria de realizar. Depois, é olhar o mercado, os consumidores, as pessoas a sua volta, e identificar ali necessidades desatendidas. Ou ofertas já existentes – produtos ou serviços – que você possa levar aos compradores de modo diferente, de um jeito mais afeito ao que eles desejam.

Às vezes isso significa prestar um serviço mais rápido. Ou com mais qualidade. Ou mais barato. Ou cobrando até um pouco mais, e oferecendo um produto premium ou um atendimento superior. Talvez a única constante seja o desafio de achar uma ideia original, encontrar uma oportunidade onde os outros não veem nada, e se preparar bem para entrar no jogo de modo a ganhá-lo.

No mundo dos empresários, vale aquela regra de Warren Buffett: "Numa mesa de pôquer, se depois de cinco minutos você não souber quem é o pato, então o pato é você." Só que o pato também pode *não* ser você. Acredite nisso. E boa sorte!

Quer virar empresário?

Há não muito tempo eu conversava com um empresário rodado, experiente, sedutor, que já viu quase tudo e que deu muito certo fazendo o que faz. Eu comentava com ele, a partir de minha condição de observador atento da arte do empreendimento, as diferenças entre a vida de executivo e a vida como empreendedor.

Há quem sempre tenha sido empreendedor. Gente que tentou a mão cedo, emplacou um negócio, depois outro, fechou uma empresa aqui, abriu outra acolá, e simplesmente não sabe, nem tem interesse de saber, como é a vida na condição de empregado.

E há quem sempre tenha sido executivo. Gente que começou no emprego, foi galgando posições, ganhando mais benefícios, bônus, trocando de empresa, a ponto de nunca ter lhe ocorrido deixar para trás esse encarreiramento de sucesso, em grandes corporações, para tocar um barquinho com seu próprio nome esculpido na proa.

Por fim, há quem, como eu, tenha construído uma carreira como executivo e, depois de algum tempo, tenha se encontrado na condição de não ter mais holerite, nem bônus, nem férias, nem benefícios, para então cair nas águas do empreendedorismo.

Eu estava no começo da minha trajetória empreendedora e disse a meu amigo que às vezes sentia saudade da vida com crachá. Ele me olhou e disse, firmando o olho dentro da minha retina: "Empreender não é deixar de ter um crachá. Mas, ao contrário, passar a ter vários crachás." Aí ele abriu a pasta e me mostrou meia dúzia de crachás. Todos com a foto dele, cada um de uma das várias empresas que ele atendia.

Há certas definições que são mais do que meras palavras. Que realmente têm o poder de redimensionar uma questão, de desembaralhar as cartas, e de colocá-las à sua frente, numa sequência lógica que até então você não via.

Aprendi muito naquele almoço, com aquela colocação simples e matadora. Empreender é ter clientes. É servir a outras empresas com a sua empresa. Você deixa de ter um chefe ou um patrão – para ter um punhado de clientes. Da mesma forma, empreender não é trabalhar para uma só empresa – mas para várias. E, portanto, carregar vários crachás no bolso, ao invés de apenas um.

O EMPREENDEDOR *VERSUS* TODO MUNDO EM VOLTA

Está pensando em trocar o emprego por um negócio?

Considere o seguinte: empreender é, antes de qualquer coisa, ir contra tudo e contra todos. É atirar seu próprio rosto contra uma parede que estava colocada ali muito antes da sua chegada. Essa parede sempre oferecerá resistência. E é a sua carinha que você estará arremessando contra ela.

Essa parede metafórica representa tudo o que está posto no ambiente em que você deseja ingressar com seu negócio. Ela é o *establishment*. Assim como não há espaços vazios no poder, também não os há no mundo dos negócios, nem nas carteiras de clientes e fornecedores, e muito menos no modo como o dinheiro em circulação é dividido entre os bolsos existentes.

Por isso a vida é dura para o novo entrante. Por isso o novo empreendedor quase nunca é recebido com rosas e champanhe. Costuma acontecer o contrário. E não porque o sujeito seja mais ou menos simpático. Não é uma questão pessoal. É que quem está dentro tende a rejeitar quem deseja entrar. Por um instinto de sobrevivência. E de defesa de território.

O novo é visto como uma ameaça. E uma ameaça que ninguém conhece ainda. Os competidores existentes são uma coisa. Você sabe quem eles são, já os mediu, sabe onde ganha e onde perde no embate com cada um deles. Com os novos competidores é diferente. Eles são o desconhecido. O sucesso deles pode acarretar o seu infortúnio. A existência deles pode forçá-lo a repartir a comida que está em seu prato. Então, por via das dúvidas, quem já é tende a não colaborar muito com quem deseja ser.

As brechas existem, claro. Mas são raras. E estreitas e ásperas. Às vezes um cliente comemora a entrada de um novo fornecedor. Às vezes uma oferta nova no mercado calha perfeitamente com uma nova demanda, que ninguém ao redor, até aquele momento, supria de modo satisfatório. Às vezes consumidores acham bacana ter uma nova marca para testar os seus hábitos e a sua lealdade.

De modo geral, no entanto, a inércia joga contra quem está chegando. Uma nova presença sempre gera mais trabalho e mais riscos para os envolvidos. E joga dúvidas sobre certezas estabelecidas, traz a necessidade de revisitar decisões tomadas, faz com o que o equilíbrio existente tenha que ser alterado. E ninguém gosta disso.

Nós gostamos do conforto, da inércia, de não ter que mexer em nada. Nós gostamos de cultivar os velhos paradigmas, porque eles nos deixam mais seguros, porque eles garantem o equilíbrio do microuniverso em que estamos inseridos. Nós, na grande maioria das vezes, não gostamos de rever decisões nem de ter o trabalho extra de incluir mais uma melancia na carroça – mesmo quando esse novo elemento faz todo o sentido do mundo.

Eis por que vibramos internamente quando um novo produto da Apple frustra as expectativas. Ou quando um novo serviço do Google não dá certo e é descontinuado. É menos um item que teremos que incluir em nossa lista de coisas com as quais precisaremos aprender a lidar.

Ao mesmo tempo que cobramos das empresas que inovem e nos surpreendam, adoramos quando não precisamos colocar mais um foco de desejo, de obrigação e de ansiedade em nossas vidas. Ficamos felizes quando podemos simplesmente continuar fazendo o mesmo percurso que sempre fizemos.

Empreender, portanto, é dedicar-se a um período mais ou menos longo e árduo de plantação. De disputa por espaço, por visibilidade e por recursos que são sempre escassos e que já estão distribuídos.

É preciso ter um bocado de fibra, de tino e de sorte para começar. Eu lhe desejo essas três coisas.

A hora certa de investir

Ele tinha pouco mais de 55 anos quando almoçamos pela última vez. Num restaurante de pratos simples e bem servidos. Daqueles em que sempre sobram grãos de arroz e algumas batatas fritas sobre a toalha da mesa quando você acaba de comer.

Ele tinha construído uma carreira estupenda desde o comecinho dos anos 80. Ajudou a construir um produto de sucesso. Aprendera tudo sobre a atividade. Nos anos 90, com outra marca, pela primeira vez à frente de um negócio, aplicou o que aprendeu. E deu muito certo. Começava a criar a sua lenda pessoal.

(É sempre bacana quando você prova aos outros e a si mesmo que sabe fazer sozinho, que é bom não porque trabalhou com determinada pessoa ou fez parte de determinado time, mas, simplesmente, porque você é bom. Tipo Zico na Udinese, Maradona no Napoli, Dave Grohl no Foo Fighters.)

Com os anos 2000, ele foi alçado a cuidar de um grupo de negócios, com várias marcas abaixo de si. E acertou no centro do alvo de novo. Formou gente, inventou novos modelos de negócio, expandiu marcas, aumentou faturamento e rentabilidade.

Como é comum acontecer, sua performance gerou dentro da companhia tanto admiração quanto ódio. Ele era projetado tanto como herói a ser cultuado quanto como elemento incômodo a ser expurgado. Ao cabo, a cultura que ele representava acabou perdendo a competição pela hegemonia na empresa. E ele acabou saindo.

Estávamos terminando a sobremesa – um pudim de leite, provavelmente – quando ele disse uma frase que me marcou. Ele falava de continuar. Ir frente. Perseverar. Foi mais ou menos assim: "... investir enquanto eu ainda tenho vigor."

Eu enxergava em seus olhos a energia de quem ainda vê alguns anos produtivos pela frente – e sabe que eles não vão durar para sempre. Ele não se importava de recomeçar. De correr novos riscos. (Ainda que, talvez, de uma maneira mais serena, mais madura, mais conscienciosa do que nos verdes anos.) Ao contrário: ele fazia questão de usar bem a energia realizadora que ainda lhe restava.

Seu frescor mental, a caminho dos 60 anos, me contaminou. Eu também me enxerguei ali com vigor suficiente para investir, para me jogar, para cultivar o brilho no olho por muitos anos ainda.

Como nasce um empreendedor?

Existe muito empreendedor que sonha secretamente em ter um pouco mais de tédio na vida. Que deseja dormir mais tranquilo. E acordar menos ansioso. É quando o empreendedor aspira a um emprego.

E tem muita gente, no emprego, que deseja mais liberdade para agir, mais velocidade nos processos, ainda que isso implique mais pressão e mais desafios. É gente que não suporta ficar empilhando um dia depois do outro – e quer mais sentido no trabalho que realiza, ainda que isso implique mais riscos.

Se o que lhe atrai é segurança, o empreendimento talvez não seja uma boa opção para você. Se você quer fazer diferença no mundo, você é um empreendedor. Alguns pontos importantes para quem está entre o mundo do emprego e o do empreendedorismo.

EMPREENDER DENTRO OU FORA?

Às vezes é possível empreender *dentro* da grande corporação. Há espaço para a criatividade, para a construção do novo, para hackear velhos paradigmas. Empreender com estrutura, e sem precisar abrir mão do emprego, pode ser uma boa ideia.

Se você desejar abrir a sua própria empresa, faça-o com calma. Planeje. Comece pequeno. Teste. Aprenda. Ajuste. Não negligencie a sua vida pessoal. Não corra mais riscos do que o necessário. Vá – mas vá com tino e ritmo, sem desespero nem afobação. *Apresse-se devagar.*

DÁ PARA EMPREENDER NUMA CARREIRA NOVA, FAZER ALGUMA COISA QUE NUNCA FIZ ATÉ HOJE?

Claro que dá. Empresas dão certo porque o empreendedor fez bem algo que as pessoas estavam demandando – e não porque ele fez algo que já tinha feito em sua vida pregressa.

JÁ ESTOU VELHO DEMAIS PARA EMPREENDER?

Nunca é tarde demais para se realizar profissionalmente. Você ainda tem energia? Está disposto? Então se joga. Tem gente sem esse viço aos 20 e poucos. Tem gente que mantém esse viço aceso, ou o adquire, aos 70. O mais bacana, em empreendedores mais velhos, é o tanto de experiência que eles acumularam ao longo da vida. É um diferencial importante para saltar do jeito certo, em relação a quem é menos rodado. Não há tempo perdido na vida. Nem na carreira. A gente está sempre aprendendo.

QUANTO DEVO COLOCAR DAS MINHAS FINANÇAS PESSOAIS NO NEGÓCIO?

Eu sou um pouco conservador nessa área. Estabeleceria um teto para o dinheiro que você deseja investir no negócio. E não ultrapassaria esse teto. Sobretudo, não mexeria no pé-de-meia. O empreendedor precisa de coragem – inclusive financeira. Precisa estar comprometido com a sua iniciativa – inclusive no plano econômico, de investimento. Mas acho que a poupança, o seu planejamento para a velhice, é um dinheiro intocável. Não comprometa sua aposentadoria. Há outros meios de financiar a sua empreitada.

POR ONDE COMEÇAR?

Por uma ideia na qual você acredite. Que tenha a ver com você. E que represente uma oferta melhor, mais rápida ou mais barata para atender a uma demanda real do mercado, seja ela já existente ou algo que você venha a propor.

Empreender é sempre construir uma ponte entre o que você quer fazer e o que as pessoas querem que você faça – entre aquilo que você gostaria de vender e aquilo que as pessoas estão dispostas a comprar. Eis a gênese de um bom plano de negócios. E de um empreendedor bem-sucedido.

Descubra-se!

Estive há uns anos com um dos grandes *headhunters* brasileiros. Fui visitá-lo em seu novo escritório – ele estava abrindo a própria empresa e estava mais focado em *coaching* (mentoria) e treinamento de pessoas do que em *hunting* (a "caça" de executivos no mercado). Os negócios tinham mudado e ele se movera também. Parecia feliz e confiante com sua nova empreitada. Fiquei muito contente por ele.

Falamos um pouco de mim. E, depois de me ouvir uns quinze minutos, contando das minhas peripécias como executivo e das minhas incertezas como empreendedor novato, das minhas conquistas, tropeços e angústias, meu amigo, então na casa dos 60 anos, me disse que eu estava vivendo uma crise de meia-idade.

Um processo que, segundo ele, acontece mais ou menos entre os 35 e os 45 anos e funciona como um renascimento para o indivíduo. Para ele, tratava-se de uma crise de autoconhecimento. Um período duro e desafiador de reconhecimento (ou descoberta) que todos precisamos atravessar para entender quem somos de fato e o que realmente queremos da vida e de nós mesmos. "Descubra-se!", ele me escreveu, ao autografar um livro de sua autoria. Saí dali estranhamente reconfortado.

Segundo ele, essa crise de autoconhecimento não impõe os mesmos desafios a todo mundo. Tem gente que ignora esse chamado à reflexão. Que toma um relaxante para dormir, um antidepressivo para sair da cama, e segue adiante. Funcionaria mais ou menos assim: do começo da carreira até mais ou menos a metade da vida, o sujeito corre atrás das oportunidades, experimenta tudo, vive um bocado à mercê do mercado, das necessidades da empresa, das propostas que recebe, dos feedbacks a seu respeito, das expectativas dos outros.

Como resultado, acumularíamos, dos 20 aos 35 anos, mais ou menos, uma série de versões de nós mesmos. Esse processo poderia começar ainda mais cedo, no seio familiar. Um dia você é um idiota porque fica de recuperação, noutro dia você é o gênio que gabarita a prova de vestibular. Num dia você é um grande craque em potencial (é o que seu pai lhe diz sorrindo, quando lhe ensina a jogar bola), noutro dia você é um pereba que nem é chamado para a pelada da firma (crianças – de qualquer idade – podem ser bem cruéis). Você vive nessa gangorra emocional, sem saber direito quem de fato é, o que gostaria de fazer de si mesmo e da sua vida, até esbarrar na crise da meia-idade.

Para a maioria de nós, é mais ou menos por essa época que, penosamente, começamos a ouvir o que realmente estávamos nos dizendo há muito tempo. Os momentos de falta de equilíbrio em nossas vidas, o jeito desbalanceado com que tantas vezes avançamos em direção ao futuro, meio em ziguezague, meio como um ioiô que não para de subir e descer, ao bel-prazer de um mestre: tudo isso compõe um estilo de vida que sempre nos pareceu razoável – ou único – e que começamos a questionar.

Quando as escolhas que nos trouxeram até aqui deixam de fazer sentido, a sensação de perda de parâmetro é enorme. Por isso fugimos tanto da autoanálise. Essa luz jogada para dentro muitas vezes revela lacunas e desacertos que dão trabalho consertar. Preferimos às vezes o conforto de continuar sofrendo do que o sofrimento de mudar de hábitos.

A gente, de modo geral, só empreende esse período de *deep soul searching*, algo como "busca profunda na alma", nas palavras do meu amigo *headhunter*, quando o sentimento de incompletude e de irrealização começa a pesar, quando o sujeito percebe que já não consegue ir adiante sem parar e ter uma conversa franca consigo mesmo.

Há gente que simplesmente ignora esse chamado interno. E segue vivendo como se a insatisfação fosse uma característica normal da vida. Assim como há gente que decide se ouvir e, então, avança por esse exercício de recolhimento, de contabilidade íntima, de se entrevistar de modo franco, de se reconhecer e de se estranhar, de se criticar e de se analisar, de avaliar decisões e escolhas, de rever crenças e paradigmas, de repensar sua atuação, seus objetivos, seus afetos – tudo isso com o objetivo de responder à pergunta central: "Que diabos eu estou fazendo com a minha vida?"

Meu amigo *headhunter* se despediu de mim dizendo que é preciso atravessar esse túnel para renascer do outro lado com uma visão mais clara do que é realmente importante para você, do que lhe faz feliz. Segundo ele, aí a vida fica muito boa. Fica óbvia: "Faço o que gosto e ainda me pagam por isso." Bom, né?

Fazer "aquilo que você ama" *versus* a "ditadura da felicidade" no trabalho

Muito se tem falado sobre "trabalhar com aquilo que você gosta", "fazer o que você ama", trabalhar com "propósito", ter uma "missão" na carreira e na vida. Seja você um executivo ou um empreendedor. Acima, relatei o processo de *deep soul searching* – é disso que se trata.

De um lado, essa conversa já virou clichê. De outro, já tem gente se insurgindo contra essa "obrigação de ser feliz", contra o que seria uma "ditadura da felicidade".

Gostaria de dizer o seguinte:

CARREIRA É COMO CASAMENTO

Você precisa escolher bem. Trata-se de uma relação de longo prazo, que você precisa escolher com o coração, pela paixão. Mesmo sem saber como fará para pagar o aluguel ou para mobiliar a casa ou para pôr comida em cima da mesa ou para arcar com a escola dos futuros filhos. Quando você está com a pessoa certa, passa a ver o mundo e as coisas de outra forma. Suas prioridades mudam. E o que você considera "sucesso" também.

No fim, tudo dá certo. Em termos práticos, sempre acabamos sobrevivendo. Então, já que chegaremos "lá", de um jeito ou de outro, o que importa mesmo é você ser feliz no processo, é o tanto de alegrias e de sorrisos que você experimenta ao longo do caminho.

O contrário disso também é verdade: quando você está com a pessoa errada, mesmo que tudo dê "certo", a coisa já deu errado, já começou errada, está irremediavelmente errada. Na carreira, quanto mais você avançar por uma estrada que não é a sua, mais você se afastará de si mesmo. Nesse cenário

– desolador – quanto mais você der "certo", mais "errada", ou errática, será a sua vida profissional.

Eis o ponto: você tem que fazer o que você *tem* que fazer. O resto é secundário, o resto vem depois. Nenhum fracasso será maior do que não fazer aquilo que você *tem* que fazer. Qualquer alternativa é pior do que isso. Quando você está fazendo com sua vida exatamente aquilo que você deveria estar fazendo com sua vida naquele momento, mesmo se der errado, já deu certo. O contrário também é verdadeiro: quando você está fazendo algo que não tem nada tem a ver com você, mesmo se der certo, já deu errado.

Enfim: você projeta para a sua vida amorosa uma relação quente, apaixonada, com sexo bom, com cumplicidade, olho no olho, beijo na boca, intensidade – ou uma relação morna, baseada em interesses e em conveniência, sem prazer, sem intimidade, marcada pela distância e pela indiferença entre os consortes? Com a vida profissional, na relação entre você e o trabalho, é a mesma coisa.

VOCÊ FAZ POR AMOR OU POR DINHEIRO?

É tanto esforço que você precisa despender para fazer alguma coisa bem-feita, para criar um legado com o seu trabalho, para construir uma crônica bacana dos anos em que você estiver na ativa, que só é possível fazê-lo se você gostar de verdade do que está fazendo. Mais: se houver paixão, brilho no olho, entusiasmo verdadeiro. Se não houver isso, não rola. Não haverá combustível suficiente para ir adiante. (Fazendo o que se gosta já é difícil, já é preciso dar um bocado de sangue pelo caminho, imagine com uma trava na roda...)

Sem paixão, você virará um burocrata cuja única meta no mês é ver chegar o dia do pagamento. É muito pouco. Um holerite, ou um pró-labore, em maior ou menor medida, qualquer atividade lhe trará. Satisfação, realização profissional não vêm no automático. Sem amor pelo que você faz não haverá nada – nem obra construída, nem trabalho criativo, nem alegria, nem dedicação. A vida ficará muito árida. E a carreira, uma coisa insossa, insípida – intragável.

O TRABALHO PRECISA FAZER SENTIDO

Sair todo dia de casa e entregar 10 horas da sua vida a uma atividade precisa ter um significado. Quando se fala em *true call* ("chamado verdadeiro"), ou "propósito", ou "missão", é disso que estamos falando – um sentido para o trabalho, um significado para a vida. Isso é profundo pacas. Tem um valor muito maior do que um salário ou do que um pró-labore.

NÃO NEGLIGENCIE A SI MESMO

Desistir de extrair do trabalho mais do que um contracheque ou a emissão de uma nota fiscal equivale a desistir de si mesmo. É preciso coragem para descobrir o que lhe faz feliz e para seguir a trilha da sua realização profissional. Ao mesmo tempo, é preciso uma dose cavalar de indiferença – e de negligência – consigo mesmo para desistir dessa busca.

A gente às vezes desiste de fazer o que gosta imaginando que a equação – financeira – não vai fechar. Mas a grande equação que não fecha – e que nos mina a saúde física e mental, inclusive – é quando nos dedicamos a fazer algo que não nos diz o menor respeito, em nome de um punhado de moedas.

UMA CARREIRA, MUITAS VEZES, É A SUA PRÓPRIA RECOMPENSA

O prazer de fazer bem algo que lhe dá orgulho e prazer de realizar tem um valor intrínseco enorme. A gente olha muito para fora – e olha de menos para dentro. A gente faz muita conta – quando as somas e subtrações já estão semiprontas, internamente. A gente fica tentando racionalizar uma decisão equivocada – quando, emocionalmente, já sabe qual é a decisão *correta* a tomar.

A questão não é fazer alguma coisa que possa lhe render um bom dinheiro, mas, ao contrário, tentar ganhar um bom dinheiro, ou o máximo possível de dinheiro, fazendo alguma coisa de que você gosta.

Seu padrão de vida deve se adaptar ao seu padrão de felicidade – e não o contrário. Porque sacrificar a sua alegria de viver – e de trabalhar – em nome de um punhado de moedas é uma conta absurda, que simplesmente não fecha.

Em suma: deixar que o critério da grana seja o primeiro a ser considerado é correr o risco de que ele distorça tudo e de que, portanto, suas decisões saiam tortas. Esses dias, ouvi uma mãe detonar uma possibilidade profissional aventada por um filho com uma simples pergunta feita à queima-roupa – "Quanto você imagina que vai ganhar fazendo isso?" Como se esse fosse o único item a ser considerado numa análise de caminho profissional. Eis como um adulto infeliz pode transformar uma criança noutro adulto infeliz.

PARA ALGUNS, O "PROPÓSITO" PODE SER SIMPLESMENTE GANHAR DINHEIRO

Sim, é possível que a "missão" profissional de alguns, que o *true call* para algumas pessoas, seja meramente adquirir esse ou aquele patrimônio vida afora. Se isso for de fato o desejo central do sujeito, não fará muita diferença o que ele estiver fazendo, a substância do seu trabalho, desde que isso lhe proporcione os cobres necessários.

Como saber se você é uma pessoa assim? Simples. Esse indivíduo jamais estará infeliz no seu dia a dia profissional – porque seu coração não bate ali. Ele também não será uma pessoa triste com a sua escolha de carreira – porque seus interesses serão atendidos noutra dimensão da vida.

Se você não se importa de trabalhar desapaixonadamente, se sua rotina de trabalho não se esvaziar nem ficar insuportável porque sua cabeça está permanentemente ligada noutro cenário, se você não se incomoda de fazer "sexo sem amor", com quem quer que lhe pague o que você pediu, siga em frente e seja feliz, a seu modo. Sem culpa e sem tristeza. Seja como executivo, seja como empreendedor.

A ESCOLHA PELA PAIXÃO MUITAS VEZES IMPLICA GANHOS MENORES

Você trocaria parte da sua remuneração em nome de fazer aquilo de que você mais gosta? E você toparia um pacote de compensação maior para fazer algo de que *não* gosta? (É notável, e paradoxal, no entanto, que muita gente que opta pela relação pragmática e fria com o trabalho também acabe ganhando mal...)

Me pergunto se a ausência de paixão não acaba conduzindo a uma performance menos brilhante que gera, em consequência, com o passar do tempo, recompensas mais opacas. É possível que o trabalho com amor gere um esmero e uma entrega tais que, mesmo na comparação meramente financeira, venha em algum momento desbancar a opção profissional desapaixonada.

VOCÊ SÓ É FELIZ AOS SÁBADOS E DOMINGOS?

Não é crime gostar de feriado – mas começar a segunda-feira já sonhando com a sexta é um sinal claro de que alguma coisa não vai bem em sua vida profissional. Se o seu ano só faz sentido nos períodos de férias, nos feriadões e nas festas de fim de ano, talvez valha a pena rever suas escolhas.

Como em qualquer revisão, isso poderá exigir mudanças em seu jeito de fazer as coisas. E, como em qualquer mudança, isso exigirá coragem. Mas não é muito mais amedrontador encarar duas ou três décadas de trabalho pela frente com uma permanente sensação de infelicidade?

NÓS NOS MANTEMOS INFELIZES EM MODELOS QUE NÃO NOS SATISFAZEM – PORQUE QUEREMOS

Com frequência, imaginamos que estamos perdidos em becos sem saída – quando estamos apenas trancafiados em modelos mentais, em arapucas que armamos para nós mesmos.

Escreve aí: ninguém é obrigado a isso ou àquilo. Nenhuma situação é definitiva. Fazemos opções. Algumas delas absolutamente irracionais. E nos trancafiamos dentro dessas escolhas de modo bizarro, às vezes pela vida toda, sem percebermos que podemos fazer *outras* opções a qualquer momento.

O QUE VOCÊ ESTÁ FAZENDO COM SEU TEMPO?

Às vezes repasso meu dia e vejo que não fiz nada daquilo que *deveria* estar fazendo. Nada daquilo que *gostaria* de estar fazendo. Isso é abandonar minha missão na vida, meu talento mais essencial, meu desejo mais pulsante. Não importa que tenha gastado aquele tempo ganhando dinheiro ou resolvendo problemas, ou ainda atendendo expectativas a meu respeito. Importa que tergiversei. Que desperdicei horas preciosas.

Quando você não sabe qual é o seu propósito, é fundamental descobri-lo. Quando você sabe, que sentido faz dedicar um minuto que seja a qualquer outra coisa?

Eu não fui feliz, meu filho. Então, você está proibido de sê-lo

Esses dias ouvi um pai decepando opções de carreira, numa conversa que estabelecia com o filho adolescente, com a seguinte frase: "Isso não dá dinheiro."

Não era bem uma conversa, era mais um monólogo – o menino tentava construir uma frase, expressar um desejo, e o pai descia a marreta paterna, embalada nesse raciocínio dinheirista. Logo ele que não era, digamos, a pessoa mais feliz do mundo no trabalho – não tinha uma *carreira*, tinha um *emprego* que lhe rendia algum dinheiro e quase nenhuma felicidade profissional.

É curioso como temos a capacidade de reproduzir como herança imposta aos filhos as coisas que deram menos certo em nossas vidas. Quase como uma sabotagem à geração seguinte – "Eu não fui feliz, eu não segui minhas paixões, eu não ouvi meu coração, eu tratei de obedecer a meus pais, e agora você me deve tudo isso. Não ouse se realizar profissionalmente! Especialmente em alguma coisa que eu não entenda ou que não me dê orgulho."

Eu, em silêncio, pensava no quanto divirjo daquele pai. O principal objetivo de uma carreira não é ganhar dinheiro – é gerar o máximo de satisfação a partir do que a pessoa faz, a partir de quem ela é. Uma carreira existe para que nós nos realizemos profissionalmente. Para que construamos uma obra relevante e que nos represente, diante de nós mesmos e dos outros. Dinheiro é consequência disso. A grana vem depois, como recompensa – não pode vir antes, como critério de escolha.

Dinheiro não é um detalhe desimportante. Ao contrário: ele é fundamental. Mas a grana vem, de um jeito ou de outro, em maior ou menor medida. Portanto, ela não pode ser a medida de todas as coisas. Nem mesmo o critério mais importante para definir uma vida exitosa. Fazer o que se gosta sem ganhar dinheiro pode ser uma situação bem desagradável. Muito mais desesperador é ganhar dinheiro com algo que não lhe dá o menor prazer.

Você é executivo, empresário ou empreendedor?

Há uma dimensão do profissional que é o talento que ele carrega, que são as competências que ele desenvolveu. E há outra dimensão que é a aplicação efetiva que ele consegue fazer dessa potência e desses diferenciais.

Ninguém é bom no éter – você sempre será bom fazendo alguma coisa em um determinado ambiente, num determinado tempo. Não raro, uma alteração nessas condições faz com que o seu desempenho sofra mutações drásticas – para cima ou para baixo.

Há quem seja muito bom executivo, trabalhando numa grande estrutura. É o sujeito que brilha em reuniões, sabe costurar bem para cima, para baixo e para os lados, flana pelos corredores e está sempre na lista dos promovíveis. Não necessariamente esse profissional vai se dar bem longe do ambiente refrigerado de uma corporação.

Há quem seja muito bom empresário – partindo de um certo volume de investimentos, com um conjunto mínimo de recursos postos à sua disposição. É o capitão de indústria, o cara que sabe liderar batalhões em direção a um determinado objetivo. Não necessariamente esse cara se dará bem sozinho, no meio do mato, sem um pelotão para comandar, sem armas nem mantimentos, munido apenas de um canivete e uma barrinha de cereais, em meio às feras.

E há quem goste mesmo é de tirar empresas do chão, de criar negócios do zero – esses são os empreendedores. Esses são os caras das *startups* – que não necessariamente se darão bem como executivos numa estrutura corporativa (quase nunca, aliás) nem à frente da expansão de um novo negócio com muitos recursos à sua disposição para administrar, com muitos interlocutores a atender, em que mais importante do que criar, é preciso gerir. Esses são os caras da ideia, da faísca inicial, e da iniciativa em seu estado mais puro – que é fazer, botar na rua, aprender, adaptar, carpir, melhorar.

O empreendedor é o cara do rascunho, do rafe, do layout. O empresário é o cara que prefere trabalhar em cima de uma arte-final já melhor definida. E o executivo é o cara da gráfica, encarregado de reproduzir o arquivo fechado dentro dos padrões definidos lá atrás.

O empreendedor é um general de campo. O empresário é um general de caserna. Os executivos são os oficiais que ocupam as casamatas, depois que elas são erguidas, e fazem as ordens circularem e serem cumpridas.

O empreendedor é um grande caçador. O empresário é um ótimo agricultor. O executivo é um bom cozinheiro.

Essas distinções são importantes para que você saiba exatamente qual é a sua bitola de encaixe no mercado de trabalho. E para que você não imagine que não tem talento ou que é incompetente só porque não está brilhando em determinada seara do mundo dos negócios – talvez ela, a seara, não seja a mais indicada para você. Só isso. Em vez de ficar batendo com a cara na parede, e se sentindo mal com isso, troque de ares.

Eu já fui executivo. Tenho atuado no empreendimento. Talvez um dia reúna condições para ser também um empresário.

Do que conheço, posso dizer que para ser um bom executivo é preciso saber *atuar*. É preciso saber jogar junto, em equipe, às vezes baixando o volume do próprio instrumento musical – porque é valorizando o solo alheio que se ganha o direito de solar também.

E para dar certo no empreendimento, no mundo das *startups*, é preciso *realizar*. É preciso saber jogar sozinho. E aumentar o som do seu instrumento e encher o palco com o seu solo – inclusive porque muitas vezes você será a sua própria banda. E porque, muitas vezes, você só terá uma chance de apresentar seu show. Não dá para ficar esperando pelos outros.

Para inventar uma empresa onde antes havia nada é preciso ter um motor extra, que puxe na frente e ao mesmo tempo empurre por detrás. É preciso ignorar a tremenda inércia que sempre joga contra quem está inventando o novo – e seguir caminhando contra ela. É preciso ter disposição para apanhar e seguir adiante, sem pedir água, sem desistir, sem sentir pena de si.

Não é fácil. Mas, se fosse fácil, qualquer um faria.

Negócio próprio ou um bom emprego?

É engraçado. Quem tem um emprego olha para quem está empreendendo com a maior admiração. O executivo costuma achar que quem tem um negócio é que é esperto, corajoso, que o empresário é que está se dando bem. Eis a lógica do empregado: quem é dono do próprio nariz está construindo, com o suor da sua testa, um patrimônio para si mesmo e para os seus – não para os outros.

Aos olhos de quem tem um emprego, quem empreende deu um chega pra lá nos seus medos, se lançou da montanha com seu sonho e sua visão, e foi vender o resultado do seu talento e das suas competências diretamente ao mercado. Se der certo, não há limites para os ganhos que pode ter. Se quiser fazer outra coisa, ainda pode vender o seu negócio e, portanto, sair dele com uma boa quantia de dinheiro, correspondente ao valor do que ele criou onde antes não havia nada.

Do outro lado da mesa, em boa parte dos casos, também há um olhar de desejosa admiração de quem não tem mais um holerite para quem ainda tem um. Tiremos desse raciocínio aqueles empresários que estão à frente de negócios muito grandes, muito estabelecidos, muito sólidos. (Embora, a rigor, não haja negócios imunes aos solavancos do mercado. Qualquer empresa pode morrer.)

De todo modo, grandes empresários já não são empreendedores – são acionistas, CEOs, presidentes de Conselhos de Administração. Operam a partir de um deque de transatlântico que não balança do mesmo jeito que os nossos barquinhos, aqui embaixo, nas marés turbulentas do empreendedorismo. Eles trabalham apertando botões – não têm, como quem está à frente de *startups* ou de pequenas empresas, que, ao mesmo tempo, pegar nos remos, ajeitar a vela, consultar a bússola e servir canapés aos convidados no convés, sempre sorrindo como se estivesse tudo bem.

Bem, tiremos desse raciocínio também os empreendedores natos. Aqueles sujeitos que jamais serão empregados porque não vivem sem o risco, sem a sensação de liberdade, de não estarem contidos numa estrutura fixa. Gente que aprecia exatamente o que amedronta a tantos outros: a soltura, o não pertencimento, a instabilidade, as mil possibilidades, o sonho aberto e selvagem da atividade meio mágica de tirar um negócio do chão.

Desses noves fora, sobram os empresários que lutam diariamente pela sobrevivência dos seus negócios. Esses estão do lado de fora do emprego, com suas empresas pequenas e médias – como é a grande maioria das empresas em qualquer lugar do mundo – lutando com seus faturamentos, custos, clientes, fornecedores, funcionários, governos e impostos.

Esses empreendedores, nos dias em que o mundo lhes pesa sobre os ombros, não raro olham com alguma inveja para quem está do lado de dentro do emprego. Costumam achar que a vida de quem tem uma boa posição, numa estrutura organizacional maior, é menos trepidante, tem mais qualidade, mais tempo livre, menos preocupações.

Eis a lógica do empresário cansado de guerra: o executivo sai da empresa e consegue desligar. Quando ele sai de férias, a empresa continua rodando. Há uma engrenagem por trás e abaixo dele que suporta e potencializa o seu trabalho. E o impacto do seu talento e da sua competência não é tão direto nos resultados quanto o é no mundo do empreendimento. O executivo pode errar, que a empresa continua viva; o empresário, se errar, mata seu negócio. O executivo pode cabular o trabalho aqui e ali; o empresário, jamais – se ele parar, sua empresa para também.

Nos meus dias de desesperança como empreendedor, sinto essa pequena inveja de quem está empregado.

Nos meus dias felizes, fico imaginando que não há sentimento igual a inventar um negócio e ver ele dar certo.

Ei, empreendedor, você voltaria a ter um emprego?

Estou no empreendimento há muitos anos. Os primeiros 24 meses foram de reaprendizagem e apreensão. Demorou muito tempo para que eu reaprendesse a ganhar dinheiro, a guardar dinheiro, a gastar dinheiro. Vivi na companhia do medo dia após dia, nessa fase inicial de troca de pele, de software e de DNA.

Ter um emprego é um esporte terrestre. Se você cair, você se esfola, levanta e segue adiante. Já o empreendimento é um esporte aéreo – dependendo de onde você cair, e de como cair, você corre o risco de se arrebentar feio, e de ficar com sequelas para o resto da vida.

Num emprego, você se acopla a um corpo que já tem seu lugar no mundo – uma empresa com histórico, clientes, consumidores, fornecedores, faturamento, fluxo de caixa. Nada disso está garantido para sempre. Mas a empresa que o emprega é uma realidade – não é uma promessa. A inércia joga a seu favor. Você não é o novo entrante – você é aquele que está estabelecido.

Numa *startup*, a inércia opera contra você, que está entrando num lugar já ocupado por outros e que tenta achar um espaço para chamar de seu. Ninguém vai lhe dar esse espaço. E nem será fácil conquistá-lo. Não há dinheiro sobrando

– nunca há, em nenhum tipo de cenário. E o faturamento que você conquistar, e que lhe permitirá existir, sairá necessariamente do faturamento de alguém, que o perderá.

Me perguntam, às vezes, se eu voltaria para a vida executiva – depois de uma década fora dela. E eu digo sempre que depende.

Não sou daqueles que dizem "emprego nunca mais". Entendo essa postura como soberba ou miopia.

Para mim, depende do projeto. Do desafio colocado sobre a mesa e das condições dadas para resolvê-lo. Depende do case que você poderá construir com aquele trabalho. Depende da história que você estará escrevendo. Depende do legado que você terá a chance de gerar.

Para mim, não importa mais se é emprego ou empreendimento. Se é CLT ou CNPJ. Isso são só modelos diferentes de contrato, dois jeitos distintos de se conectar à oportunidade. Importa mesmo a oportunidade em si. Importa o que você estará fazendo. E com quem. E por quê.

O resto importa menos. Ou, simplesmente, não importa.

O EMPREGO MORREU. (VIVA!)

Quando dividi com um amigo, há uns anos, meu espanto diante da crise vivida pela indústria de mídia, em que ele e eu, como jornalistas, atuamos, ele me disse: *It's the end of the world as we know it/I feel fine.* ("É o fim do mundo como nós o conhecemos/E eu estou bem.")

De fato, ele tinha uma visão bem tranquila, se não otimista, dos tempos por vir. E expressava esse sentimento com esses versos da banda americana REM – que admitem que o paradigma atual está ruindo, mas enxergam com esperança a construção de um novo cenário.

Pouco mais de um ano depois, eu também já estava menos ansioso – e sentia uma quase felicidade ao me ver singrando aquelas águas revoltas com meu barquinho particular, novinho em folha, que havia construído com as minhas próprias mãos.

(Desde então, diga-se, o próprio REM acabou. Jogue isso no pano de fundo de todas as coisas: nada nessa vida está garantido. As coisas não estão congeladas no tempo. Tudo está em movimento. Todos os elementos em nossas vidas, os que amamos e os que detestamos, estão a todo momento sendo erigidos ou desconstruídos. E dando lugar a novos elementos que, por sua vez, também não vão durar para sempre. Somos átomos em eterna diáspora, buscando sempre novas conexões. Isso é o que somos – e é assim que funciona o mundo que nos cerca.)

Naquele diálogo com meu amigo, ficou claro que o emprego é uma coisa cada vez mais nostálgica. Um item cada vez mais raro. Podemos sentar e chorar diante dessa nova realidade. Ou então olhar para o outro lado e enxergar as novas oportunidades que surgem para quem vive de vender seu talento diretamente ao mercado, de modo autônomo, sem ter de passar por um intermediário – a corporação.

Entre altos e baixos, o que vai se consolidando como premissa no mercado de trabalho é um novo jeito de atuar, e de se conectar às oportunidades, que perpassa várias indústrias. E cuja corda vai sendo puxada por uma nova geração de profissionais que não querem emprego. Já que o jeito tradicional de atuar virou item de delicatéssen – ou de museu –, tem uma galera que está reagindo a isso dizendo por aí: "Eu quero trabalho, não quero emprego."

De tanto ouvir falar que "trabalho tem, mas posição com carteira assinada, plano de saúde, férias e décimo terceiro, não", essa turma decidiu que não está interessada em cargos fixos, mas em projetos. Eles buscam trabalhos que tenham começo, meio e fim. E que não resultem num aprisionamento na empresa para quem prestarão o serviço – é assim que eles veem, cada vez mais, as vagas fixas: como túmulos de criatividade, como a lápide da felicidade profissional.

Para eles, a realização no mundo do trabalho está nas... realizações. Na obra construída. E só. As relações agora são *líquidas* – elas se amoldam às circunstâncias, não são rígidas nem inflexíveis. E elas são *efêmeras* – duram só o tempo que têm que durar. Não são para sempre. E não têm que ser para sempre para serem bacanas e fazerem sentido.

Tudo isso envelhece demais coisas como sindicatos, departamentos de RH, negociações trabalhistas, líderes patronais, planos de carreira, relações hierarquizadas, ambientes formais. (Sem falar na vetusta CLT – a Consolidação das Leis do Trabalho. Nossa legislação trabalhista completou 85 anos em 2015. Foi concebida, portanto, para um mercado de trabalho povoado por talentos nascidos no final do século 19, quando ainda se usavam polainas e havia uma escarradeira na sala de casa. Essas leis não representam mais nada. E não são mais justas com ninguém. Viraram um tecido morto. Um calo.)

A nova geração de profissionais, nascida na primeira década do século 21, recusa esse arcabouço antiquado. Daqui para a frente, o emprego que lhe trancafia num escritório, das 9h às 19h, para realizar um monte de atividades sem sentido, tende a atrair cada vez mais apenas os mais conformados, os mais sem ambição, os menos criativos.

Os melhores, os mais brilhantes, os que fazem a diferença, os viradores tenderão a procurar cada vez mais projetos que lhes encantem, missões que lhes toquem o coração e a alma. Uma empresa que não tiver uma causa, que não for sexy, que não conseguir engajar as pessoas ao redor de uma ideia, de uma paixão, de uma bandeira, vai ficar para trás.

Uma empresa que não for legal, cidadã, que não oferecer relações horizontais e transparentes, ficará à mercê dos menos capazes ou dos mais sem graça.

Os caras e as caras da nova geração de profissionais estão atrás de uma *Big Idea* – uma "grande ideia" que mude o mundo para melhor e que faça suas carreiras ganharem sentido e valerem a pena. E eles estão atrás de uma boa parceria que lhes permita executar bem a *Big Idea*. É isso que lhes move. É disso que correm atrás. E é isso, e talvez só isso, o que resta às corporações – acolher e potencializar em seu seio gente com sede de plantar e de colher *Big Ideas*.

A última coisa que esses jovens profissionais querem de você e da sua empresa é uma oferta de emprego. Eles querem namorar. Beijar na boca. Gozar intensamente a carreira e a vida. Acham que o matrimônio, especialmente no mercado de trabalho, é uma instituição falida.

E quem somos nós para dizer que eles não têm razão?

A GERAÇÃO DE PROFISSIONAIS QUE NÃO QUEREM UM EMPREGO

Estima-se que, em uma década ou duas, dois terços da força de trabalho nos Estados Unidos serão formados por agentes econômicos autônomos. *Free agents*. Profissionais independentes, indivíduos com status de pessoa jurídica, que irão se conectar às oportunidades a partir de suas competências e especialidades.

O futuro de quem trabalha, a julgar por esse cenário, é se tornar um especialista, ser muito bom numa determinada área, e entregar esse expertise a um cliente em projetos específicos.

Eis uma possível fotografia do mundo sem empregos – do qual estamos nos aproximando celeremente. Ou do mundo com menos empregos. Ou com um tipo de emprego muito diferente daquele que conhecemos.

O emprego urbano, em corporações, o que temos hoje, é uma concepção da economia industrial. Ele existe, pois, há 250 anos, quando surgiram as primeiras fábricas nas cidades. Ele evoluiu na forma, é claro. Mas, na essência, continua o mesmo: você entrega a uma companhia toda a sua capacidade de trabalho, 8 horas por dia, de segunda a sexta – o que na prática soma bem mais do que as 40 horas semanais protocolares. Seu trabalho é medido por tempo. Você ganha um crachá, um holerite, alguns benefícios – e trabalha com dedicação exclusiva para aquele empregador.

A economia pós-industrial, a revolução digital e o fenômeno do empreendedorismo estão mudando radicalmente esse cenário. Se na geração do meu pai o ideal de carreira era passar num concurso público, ganhar a estabilidade e trabalhar 30 anos no mesmo lugar, fazendo a mesma coisa, e se na minha geração o ideal passou a ser ingressar na iniciativa privada e fazer a carreira em ciclos de 5 a 10 anos em grandes empresas, e se aposentar com 35 anos de serviços prestados numa trajetória corporativa ascendente, a turma que chega hoje ao mercado não quer nada disso.

Eles não querem um emprego – querem abrir uma empresa.

Eles não querem *ser* funcionários – e muitas vezes não querem nem *ter* funcionários (se veem como *empreendedores* e não como *empresários*).

Eles se sentem atraídos por causas e não por cargos. Trata-se de uma geração que está ressignificando um bocado de coisas no mundo do trabalho (e fora dele também). Acham, por exemplo, que coisas como um SUV (*Sport Utility Vehicle*, ou Veículo Utilitário Esportivo, aqueles carros para a família, grandes e altos), meia preta, mocassim, gravata e cabelo escovinha são cafonas.

Eles não se veem numa baia, disputando a cotoveladas com os pares, no tabuleiro corporativo, as migalhas de poder e de influência que são jogadas do andar de cima – às vezes como provocação para que a turma de baixo se debata, para que o pau coma mesmo, como estratégia de seleção natural para que os mais fortes ou mais adaptáveis emerjam, e os mais fracos ou mais dissonantes se revelem e sejam logo postos para escanteio.

Enquanto as corporações querem os iguais, buscam a uniformidade, e operam por meio da hierarquia, esses novos talentos desejam preservar as diferenças, suas idiossincrasias – o que lhes distingue – e consideram que marchar em linha reta com os demais, tanto quanto acatar no automático as ordens vindas de cima, verticalmente, é um estilo de vida e de trabalho inaceitável.

Eles buscam ambientes horizontais, em que possam contribuir e ser reconhecidos por isso – coisa que a maioria das empresas infelizmente não consegue oferecer.

E eles buscam trabalhos que tenham a ver com sua visão de mundo, com as coisas em que acreditam. Eles querem mudar a realidade, fazer diferença, deixar um legado. Portanto, o trabalho tem que gerar impacto, tem que criar um resultado positivo.

Eles querem acordar todo dia felizes por serem quem são e por estarem fazendo aquilo que fazem. Tudo isso está dentro de um termo muito em voga hoje – *propósito*. Qual o significado, para você e para os outros, do seu trabalho? Qual a relevância e a transcendência disso que você está fazendo? A busca por propósito está tirando muita gente das grandes empresas. E está levando muita gente, já na escolha do primeiro emprego, a evitar o mundo corporativo.

Se, na minha geração, os melhores talentos disputavam a tapa os cargos nas grandes empresas, e as corporações podiam ficar relativamente confortáveis numa posição receptiva quando o assunto era atrair e reter talentos, e os menos talentosos é que tinham que se contentar com outras oportunidades em outros lugares, hoje as coisas parecem estar se invertendo rapidamente: os melhores talentos estão fora das grandes empresas, e começamos a ver as corporações tendo que se contentar com os currículos menos atraentes.

Isso só contribui para que o emprego se torne ainda menos interessante. (A nova geração de profissionais está ressignificando também o sentido de estar empregado – uma posição "segura" numa "firma" virou coisa de gente sem muita ambição nem inspiração.)

É bem provável que o futuro próximo consolide todas essas tendências de fim – ou de reinvenção radical – do emprego. O que significa o fim do emprego – ou pelo menos do emprego como o entendemos hoje.

E essa é uma grande notícia.

A ILUSÃO DO EMPREGO –
E A REALIDADE DO EMPREENDIMENTO

Quem sempre teve um emprego, e uma carreira ascendente, dentro da mesma organização ou sendo disputado por várias empresas, saltitando de posição em posição, escada acima na vida profissional, como um atleta de *parkour*, acaba desenvolvendo uma ideia falsa de segurança. Acaba criando uma noção ilusória de conforto – e ficando dependente dela.

Um bom amigo que fiz esses dias, executivo experiente, me disse o seguinte: "Quando a água está sempre ali, ano após ano, depois de muitos anos, você acaba acreditando que ela nunca vai faltar e que ela não evapora."

Ou seja: ter um emprego numa grande empresa, com carro e celular da empresa, com benefícios e bônus no final do ano, com elogios do chefe e até mesmo com uma performance de fato superior, não é garantia de nada.

Basta uma demissão, um simples pé na bunda, para que aquela ilusão se dissipe. E de maneira abrupta. O emprego pertence à companhia, não pertence a você. Aquele cargo não é seu: ele apenas *está* com você. A corporação pode reclamá-lo de volta na hora em que bem entender.

Ou a empresa em que você é um astro, uma celebridade, é comprada por outra, em cuja cultura você não se encaixa, e você dança.

Ou seu chefe ou o chefe dele é demitido e todo mundo que pertencia àquela linha genética acaba tendo que sair, mais cedo ou mais tarde, porque o novo chefe tem outras ideias e prefere outro tipo de gente.

Ou a empresa não consegue mais sustentar a posição que você ocupa – por razões econômicas ou estratégicas.

Ou é você que vê expirar aquele projeto, vê findar o seu ciclo produtivo dentro daquela organização.

Há uma infinidade de chances da sua tranquilidade ir para o espaço de uma hora para outra. Eu não sabia disso. Ou, como quase todo mundo, sabia, mas não enxergava, ou não queria enxergar, com essa clareza.

No fundo, a grande aprendizagem que emerge disso tudo é que não há nada seguro nessa vida. Muito menos um emprego. A luta é diária. Os riscos afloram. Eu tomei um tombo só na carreira. Foi o que bastou para que o pano caísse à minha frente e eu pudesse enxergar as coxias. E percebesse que a segurança no mundo do trabalho é uma abstração.

Gostamos de imaginar que estamos no controle – e não estamos no controle de nada. Nem dentro de uma grande corporação, numa garbosa cadeira executiva – em qualquer sexta-feira nublada um idiota qualquer, ou um filho da puta agraciado com poder, pode lhe chamar na sua sala refrigerada e lhe dar um tiro na testa.

E também não há segurança alguma para quem está solto no mundo, como empresário, sem crachá, sem benefícios, sem grana certa entrando todo dia 30. Mas ao menos, no empreendimento, a gente *sabe* disso. Sabemos desde o início que a água acaba e que ela evapora.

Então, o jogo fica mais claro. E a gente tem que achar disposição, todo dia, para construir uma obra, um presente, um futuro. Ajuda saber que nada está ganho – mas também que só depende da gente.

É duro enxergar a realidade como ela é. Mas é pior lidar com ela às cegas.

Você já tem um CNPJ para chamar de seu?

Sim, o emprego formal está rareando. Há cada vez menos ofertas para bons cargos nas empresas. E cada vez menos pessoas dispostas a mergulhar de cabeça na vida executiva.

Sim, há cada vez mais pessoas interessadas em tocar seus próprios negócios – e suas próprias vidas – fora do mundo corporativo, de modo mais criativo, em atividades mais próximas do que acreditam e do que querem para si.

Sim, os novos negócios que surgem nesse cenário tendem a ser pequenos – inclusive porque não têm a pretensão de crescer e de virar empresas enormes. (Sim, nem todo empreendedor deseja ser um empresário.)

Se já consensamos isso até aqui, podemos projetar um novo cenário para o mundo do trabalho.

Oportunidades haverá. Empregos, nem tanto. Você não terá só um empregador – dividirá seu tempo entre vários. Será um mundo de relações multilaterais – e não de relacionamentos engessados, obrigados por lei. Namoraremos muito mais. E os casamentos serão relações abertas.

Você não entregará o comando da sua carreira para uma empresa que compra suas competências com exclusividade, no atacado, a preço de fardo, para depois revendê-las ao mercado, colocando uma margem de lucro sobre o seu lombo. Esse tipo de agenciamento (ou, talvez, de cafetinagem), que é o que as empresas operam com os profissionais que trabalham para elas, perderá muito espaço. Especialmente junto aos melhores talentos, àquelas pessoas que realmente interessam porque fazem a diferença. Você trabalhará *com* alguém, e não *para* alguém.

É o fim do que os leitores de Marx chamavam antigamente de "mais-valia". Eis o novo mantra: "Trabalhadores do mundo todo, *empreendei* – não tendes nada a perder além de vossos grilhões!"

Sim, o empreendedorismo disputa com a revolução digital o título de fenômeno mais comunista da história da humanidade. Poder para as pessoas, acesso amplo aos meios de produção, o povo no poder, ênfase no indivíduo e não na instituição, foco no potencial humano da iniciativa privada (que existe dentro de cada um de nós) e não no jugo de uma elite econômica ou na "iluminação" de uma classe dirigente política. Pessoas retirando do total daquilo que produzem, em termos materiais e intelectuais (pode chamar isso de *mercado* – o encontro da soma das ofertas com a soma das demandas num determinado ambiente econômico), valor equivalente àquilo que aportaram. Não se precisa mais nem de capital para brincar disso – basta ter uma boa ideia e executá-la com denodo e inteligência.

Gostaria de frisar isso: não há evento que tenha democratizado mais o acesso ao conhecimento, à dignidade humana e ao empoderamento dos indivíduos do que a revolução digital. Da mesma forma, não há ação que produza mais prosperidade, autoestima e libertação de quem trabalha do que o empreendimento.

Empreender é o melhor jeito de você produzir o máximo de valor para a sociedade com seu talento – e de receber o máximo de recompensa por isso.

É bastante possível que, com essa conjunção, venhamos a ter um mercado com muito menos grandes corporações do que temos hoje. Grandes empresas precisam de empresários e de funcionários para existir – e o cenário permite enxergar um futuro com mais empreendedores e, portanto, com menos gente operando na lógica tradicional de patrões e subordinados.

É provável que tenhamos um mercado formado por várias pequenas empresas, ultraespecializadas. Empresas individuais, nichadas. E esses empreendedores trabalharão sozinhos ou em consórcio com outros indivíduos – todos atuando como consultores, como experts nos assuntos que dominam.

Pense em iniciativas individuais que em 2015 faturariam entre 500 mil e 3 milhões de reais por ano, com estruturas mínimas, baixo custo, barateando os preços dos serviços para os contratantes, eliminando intermediários, de modo bastante eficiente para o mercado e rentável para elas mesmas. Pense em gente trabalhando em espaços de *coworking* ou em *home offices*, sem secretária nem copeira. Um cenário que reinventa o próprio conceito do que é estar ativo economicamente e também do que entendemos por "empresa".

Esse é o mundo dos agentes econômicos autônomos, dos quais falamos há pouco. Gente que procura *cliente* em vez de procurar *emprego*. Gente que monta apresentações de venda em vez de montar currículos. Gente que investe tempo se preparando para ser absolutamente sine qua non naquilo que se propõe a fazer e para entregar resultados. Gente que não tem tempo a perder com nada que não agregue valor real ao seu negócio ou aos de seus clientes.

Isso, amigos, é o que o capitalismo tem de mais moderno e avançado. Um mundo em que todo mundo é empresário, em que todo mundo é dono do seu próprio nariz, em que a famigerada "exploração do homem pelo homem" tende a desaparecer, inclusive dos discursos – ufa, ainda bem, já não era sem tempo.

Bem-vindos a um mundo mais maduro, de menos nhem-nhem-nhem e mais desempenho de verdade, de menos zonas cinzentas, de mais preto no branco, de menos reclamação e mais realização, de menos discursos e mais obra construída.

No mundo corporativo, você até podia se esconder na manada e ir levando. No mundo do empreendimento, sua reputação e sua relevância estão na vitrine. Não há espaço para meias palavras nem para gestos dúbios. Ou você é ou você não é. Ou você está dentro, ajudando alguém de verdade – e ganhando por isso – ou você está fora, exatamente para que não atrapalhe. Ou você entrega o que está sendo demandado ou alguém o fará no seu lugar.

Um admirável mundo novo – muito mais bacana do que qualquer coisa que já tenhamos vivido no planeta.

A questão é: você está preparado para ele?

Demissão no fim de dezembro

Um amigo me escreve dizendo que acaba de pedir demissão. Sai com as férias coletivas de fim de ano para não mais voltar. Todo mundo pimpão com um panetone dado pelo patrão debaixo do braço e ele, em meio à massa, sorrindo mais largo e mais sincero do que os outros, saindo do escritório com seus badulaques dentro de uma caixa de papelão. Todo mundo feliz por ainda estar empregado e ele feliz por não ter mais aquele emprego, por não estar mais amarrado àquela empresa, por não precisar mais viver aquele dia a dia. Ele trabalhava ali há mais de 20 anos.

Pergunto a ele, tateando, como tudo aconteceu. Na verdade, minha vontade é perguntar: "Por quê?" Mas não quero dar a impressão de que estou espantado com a sua coragem de remar tão corajosamente contra a maré.

Ele me diz que duas coisas o levaram a tomar essa decisão: "Eu tinha um emprego desejado por muitos, ganhava um bom salário, mas não estava feliz." E "eu sabia que poderia realizar muito mais do que estava produzindo ali". Então passei a sentir uma admiração enorme por seu gesto.

Ele não estava eufórico. Sabia dos riscos que estava assumindo. Mas estava contente por assumi-los, por não ter se deixado paralisar pela paúra ou pela inércia numa posição que não o satisfazia mais.

Ode àqueles que têm estofo e tino para se moverem sempre em direção à própria felicidade.

Ode aos que têm consciência de que a vida é muito curta para ser desperdiçada em situações que estão muito longe de serem as ideais.

Ainda que quem caminhe possa sempre tomar um tombo, ainda que toda nova jornada tenha sempre a sua dose de incerteza, o maior prejuízo é não sair do lugar, o pior revés é a segurança deletéria de quem se sabe infeliz e subaproveitado e não faz nada para mudar a situação.

Ao final, ele me diz: "Tô na pista."
Bem-vindo, irmão. Estamos todos.

Você trabalha com quê?

"Eu não escolhi uma profissão. Eu criei a minha profissão."

Ouvi essa frase há uns anos, de um empreendedor bem-sucedido. É uma daquelas concisões conceituais com as quais você topa e não esquece jamais.

Quem sabe, ao invés de *procurar* emprego, a gente pudesse *inventar* um emprego?

Quem sabe, ao invés de olhar para fora, a gente se dedicasse a olhar para dentro, em busca das verdadeiras respostas às nossas inquietações profissionais?

E se a gente focasse na lógica da abundância, em identificar oportunidades no mercado, demandas desatendidas, e nos preparássemos para atendê-las bem, de modo inovador, gerando felicidade para nós mesmos e para os outros, em vez de permanecer focados na lógica da escassez, brigando para ocupar os lugares que já existem e que já estão tomados?

O inovador que enxerga a si mesmo dessa forma, e que dá esse destino à sua energia realizadora, é um cara que experimenta uma sensação de poder e de liberdade enorme. (Depois de ver isso, de viver isso, de sentir isso, é muito difícil voltar a caber num escaninho corporativo qualquer.)

Esse é um jeito muito bacana de pensar e de agir profissionalmente – nesse mundo de empregos minguantes e de ciclos curtos, em que a regra pétrea que valia ontem à tarde já virou fumaça hoje de manhã.

Esse tipo de empreendedor, um agente econômico de si mesmo, é um sujeito a ser admirado por todos nós. Ele tem muito a nos ensinar.

Quer trocar seu patrão por um cliente?

Um amigo que conheci como executivo está atuando como consultor. Estive com ele e lhe perguntei como estava lidando com essa vida solta, sem amarras. O consultor é o solteirão da vida corporativa. Tem várias namoradas, mas não casa com nenhuma. Pode passar períodos longos na geladeira, sem ninguém para lhe fazer um cafuné. Mas também pode ter várias namoradas deslumbrantes ao mesmo tempo e correr de uma para outra como um fauno ensandecido.

Ele me disse o seguinte: ser consultor é basicamente saber lidar bem com dívidas. Porque o consultor está sempre devendo. Ele está sempre atrás da meta. Ou porque não conseguiu vender seus serviços e tem menos clientes do que deveria. E tem lá seus custos fixos para honrar, seu padrão de vida para manter. Ou porque vendeu os projetos e agora tem que entregá-los.

Eis aqui uma dica para quem imagina que saindo da vida executiva e abrindo seu próprio negócio não terá mais que aguentar certas chateações: você terá que enfrentar outras. Quem não quer ter chefe tem que se contentar em atender clientes. Não é bolinho. A vantagem é que cliente ruim você pode demitir, chefe não. (Para ser livrar de um chefe ruim, *você* tem que se demitir.)

Eu me reconheci bastante naquela tese. Uma empresa nova, uma *startup*, tem duas chances muito claras de morrer: numa crise de insucesso, sem clientes, sem conseguir vender os produtos ou serviços, sem emplacar projetos e, portanto, sem gerar faturamento condizente. Ou numa crise de sucesso, quando você angaria clientes, consegue vender seus produtos ou serviços e engata um monte de projetos. Aí entram em jogo outros detalhes cruciais: sua capacidade real de entregar o que vendeu, as expectativas de quem comprou (que são sempre maiores do que as intenções de quem vendeu), a taxa de renovação dos clientes da primeira para a segunda compra (muita gente se dispõe a experimentar o novo restaurante, mas quantas voltarão?), a velocidade de crescimento da demanda *versus* as restrições de capital e de expertise para estruturar o negócio.

O mundo das *startups* é o mundo das intuições, das decisões que têm que ser tomadas sem muito tempo para pensar, sem muitos pares e tutores para consultar, sem muita experiência sobre a qual se apoiar e sem muito dinheiro para comprar lá fora as informações e o conhecimento que você não tem dentro.

O executivo que virar empreendedor terá que se adaptar a essa permanente sensação de insuficiência – sem se render a ela, mas também sem morrer de ansiedade na primeira semana.

Não é fácil.

Quanto você vale?

De um executivão que está deixando o mundo corporativo para empreender: numa grande empresa, você vale o quanto os outros acham que você vale. Como empresário, quem determina o seu valor é você mesmo.

Segundo ele, ter chefe, trabalhar para uma corporação, equivale sempre, em menor ou maior medida, a colocar o seu motor fora do seu próprio carro. Ou melhor, equivale a depender de combustível alheio para acionar seu motor. Não importa o quão potente você imagine que seja o seu sistema de propulsão. Se seu chefe discordar, ele não lhe encherá o tanque. Ou injetará querosene numa engrenagem a hidrogênio. E não há nada que você possa fazer a respeito.

Já o empreendedor tem que agradar o seu cliente. E ponto. O resto vem a reboque. O executivo, além de agradar o cliente da empresa, tem que agradar seus chefes, os chefes dos seus chefes, seus pares. E muitas vezes, mas muitas vezes mesmo, encantar esse público interno é bem mais complicado do que encantar quem está fora.

Mais: muitas vezes, para fazer a coisa certa pelo cliente, é preciso ir contra a maré da turma, que tem uma agenda própria, um ritmo próprio, uma cultura própria – muitas vezes apartada do que acontece fora da organização.

O empreendedor faz rapidamente, em sua estrutura, os ajustes que lhe permitam melhor atender seu cliente. O executivo não tem essa prerrogativa. Há um milhão de políticas e de politicagens que precisam ser levadas em consideração antes de trocar a cor da caneta que ele utiliza para assinar os papéis da empresa.

Há corporações batalhando para descentralizar as decisões de modo a voltarem a pensar e a agir como uma *startup*. É um caminho interessante. O tempo dirá se ele é factível. A contradição congênita nessa história é que, na medida em que o empreendimento vai dando certo e crescendo, ele vai inevitavelmente se transformando num ambiente conservador.

Ou seja: ao vingar, e ao acumular êxitos, o negócio tende a ir deixando pelo caminho exatamente aquelas características originais que fizeram dele um sucesso. É como se a partir de determinado momento, depois de um processo de condicionamento físico vigoroso, você decidisse trocar a academia pelo sofá, e o supino por uma lata de leite condensado.

À medida que a empresa cresce, qualquer empresa, ela vai se esquivando do risco. Só que o maior risco é, com isso, enferrujar.

O ano em que fui Indiana Jones

Minha entrada no empreendedorismo é muito parecida com uma passagem de Indiana Jones.

É mais ou menos o seguinte: eu estava confortavelmente instalado no mundo corporativo. Aquele era o meu ambiente e eu me achava o senhor da situação. Eu era diretor de alguma coisa desde os 27 anos, quando voltei ao Brasil depois de obter um MBA na prestigiada Universidade de Kyoto, no Japão – berço de alguns presidentes de países e povoada por alguns Prêmios Nobel.

Eu envergava crachás exibindo cargos que costumavam causar inveja aos outros. Tinha passagem por empresas que eram o sonho de consumo de muitos executivos. Tinha vaga na garagem, tinha algum bônus no fim do ano, tinha um ótimo plano de saúde, tinha até secretária.

Mais: tinha um sedan preto da empresa, um celular corporativo, um bom salário, que pingava sempre no dia 5 e no dia 20, ou no dia 10 e no 30, nem lembro mais. (Esqueci como eram os meus holerites!)

Vivia aquele falso conforto do bom emprego, aquela sensação de que você está de alguma forma protegido das intempéries, de que a sua situação é estável, de que enquanto os demais caboclos se debatem lá embaixo, contra as ondas revoltas do mar profundo, para meramente ficarem com a cabeça fora d'água, você está na cabine de um navio possante, mordendo seu cachimbo, com quepe de capitão – ou de imediato, que seja – olhando charmosamente para o horizonte.

Tinha, enfim, aquela sensação que todo executivo tem de que atrás de mim, cuidando de mim, havia uma estrutura grande, com a qual eu podia contar, e que me bancava, me emprestando poder e influência, além de uma cadeira confortável e um telefone com acesso liberado a ligações DDD.

Aí, um dia, troco de emprego. Encaro uma aventura irrecusável, noutra grande empresa. Troco meu gabinete por um chapéu empoeirado, meus modos refinados por um chicote de couro (que não sei manusear), e me atiro a uma expedição cheia de riscos, desafiado por uma conquista nova.

Como um destemido caçador de tesouros, mergulho no coração das trevas, em uma terra distante, que descubro inóspita, onde não entendem o que eu digo, onde não compreendo os códigos, onde não sou levado a sério, onde não sou bem-vindo e nem sequer reconhecido – o que significa dizer que não sou ninguém, que não valho nada, que meus créditos estão zerados e que toda a minha obra anterior não conta.

O caminho é trepidante. Prego meu chapéu na testa com grampos de papel e vou fazer a cena, montando em pelo no lombo de um cavalo brabo, já começando a divisar o tamanho da armadilha corporativa em que me meti. Preciso acertar as falas – mas não me deram o roteiro. Preciso acertar de primeira na interpretação – mas não tenho acesso ao diretor do filme. Não tenho cadeira com meu nome impresso e nem dublê. Não tenho nada. Só uma sensação de roubada, e de ponto de não retorno, pairando pesadamente no set de filmagem.

Como se não bastasse, pulsava em mim aquela velha mania de achar que tenho de aguentar tudo, que tenho de ser o cara mais resiliente do mundo, que se alguém vai gemer ou pedir água na queda de braço, esse alguém não serei eu.

Aí um bando de alemães invade o caminhão em que me encontro batalhando para achar meu lugar no mundo. Um deles, um sargento escovinha, percebe meu desassossego e tira vantagem disso: me esbofeteia e me joga para fora do caminhão – pelo para-brisa.

Fico pendurado de modo humilhante, diante de todos, no radiador do veículo em movimento. Percebo que já não há volta possível pelos meios convencionais. Então só me resta fazer o impossível: aceitar o tombo, a queda, o vexame de ter perdido, de ter tomado porrada em público, de ter sido ejetado do veículo do qual tinha sido contratado para ser o copiloto, de ter confirmado com minha derrota precoce as visões poucos elogiosas que os alemães faziam circular a meu respeito.

Então eu desço ainda mais, até o fundo, e rastejo lentamente por baixo do enorme veículo, que acelera sobre mim (nada é mais irresistível, para certo tipo de gente, do que atropelar quem está caído) e vou raspando meu corpo inteiro nas pedras do caminho, rente ao chão, pensando na vida e na morte, me reavaliando, puto comigo, envergonhado por ter apanhado, por não ter batido, por não ter revidado, desconfiado de mim mesmo, das minhas condições de continuar sendo quem eu sempre achei que fui – e que ali já não sabia mais se era ou se tinha sido de verdade.

Finalmente, saio do outro lado. Machucado – mas vivo. (Contra a torcida de muitos desafetos. E, para a minha surpresa, contra o desejo oculto de alguns "amigos" também. É assustador como o amor está perto do ódio no coração de tanta gente.)

Recomeço tudo. Não, não voltei à frente daquele caminhão para retomá-lo, matando todo mundo pelo caminho. Criei outro caminhão, do zero, com minhas próprias mãos. E depois desse, outro caminhão. E mais outro. Continuo motorista. Mas desenvolvi uma montadora. Para, quem sabe, não precisar nunca mais brigar, tendo de encarar expedientes às vezes os mais torpes, a fim de garantir um lugar ao volante do caminhão dos outros.

Confesso que durante muito tempo imaginei um daqueles alemães sendo atirado pelo para-brisa do grande veículo. De preferência, o sargento escovinha que operou pela minha defenestração. Só para ver como ele se sairia estando no meu lugar, tendo que passar pelo que passei.

Se pudesse, nessa hora, sussurraria de mansinho no seu ouvido: "Agora é sua vez, amigo. Faz aí o que eu fiz."

QUER APRENDER A LIDAR COM A PRESSÃO? TREINE BOXE

Uma coisa que o boxe ensina, a quem gere uma carreira no mundo corporativo, ou no empreendimento, é aguentar a pressão.

Veja: existe um cara duro à sua frente. Ele é seu adversário num jogo de soma zero – só um dos dois sairá dali vencedor. Para um ganhar, o outro terá de perder. E ele quer arrancar a sua cabeça. Esse é o jogo. Ele treinou para isso. Estudou seus movimentos. E aí, o que você vai fazer a respeito? Não há espaço para contemporização – se houvesse, vocês não estariam com a guarda alta e com protetor bucal.

No corner adversário, há um cara indicando aos berros seus pontos fracos. Desdenhando de você. Ajudando no jogo psicológico de lhe desestabilizar. E instando seu adversário a bater pesado, para valer, aproveitando os flancos que você deixa desguarnecidos. Sim, tem gente torcendo contra você nesse mundo. Tem gente querendo que você vá a nocaute.

No seu corner, existe um outro cara gritando no seu ouvido. De modo agressivo, incontido. Aparentemente, torce por você. Mas às vezes parece exasperado, decepcionado, irritado com seu desempenho. A ponto de parecer que não está do seu lado, mas que é mais um contra você.

No ringue, tanto quanto no escritório, não tem ombro de amigo, não tem colo de avó, não tem afago de mãe, não tem amor de filho, não tem olhar de pai. (Às vezes nem em família gozamos dessas benesses, certo?)

Só tem uma coisa que você não pode fazer: se perder de si, do seu jogo, da sua estratégia. É preciso manter a cabeça no lugar. E preservar o foco, a serenidade e a autoconfiança.

É preciso ouvir os outros, analisar o que está acontecendo ao redor. Mas é fundamental não deixar de se escutar. É essencial não se afastar de si mesmo. Tem hora em que você só pode contar consigo mesmo. Nesses momentos, trate de estar do seu lado – incondicionalmente.

Uma trocação de boxe é muito parecida com uma reunião tensa de diretoria. Ou com uma assembleia de sócios com teses discordantes em disputa. Ou com o dia a dia em mercados trepidantes e competitivos.

Se você baixar a guarda, oferecerá o nariz ao punho adversário. E o golpe virá. Se você não se defender, e não contra-atacar, beijará a lona.

A MORTE DE UM EMPREGADO E O NASCIMENTO DE UM EMPREENDEDOR

Esses dias, recebi a seguinte mensagem:

"Tenho 25 anos e estou convicto do que pretendo ser em minha vida: empresário.

"Venho me preparando para ser empreendedor há um ano e meio. Desde que tive maturidade para compreender o que isso significa, venho me capacitando, me capitalizando e estruturando um plano de negócios.

"Depois de juntar dinheiro para uma liquidez de 15 meses e terminar meu *business plan,* não sabia se aquele era mesmo o momento de pedir demissão do emprego e cair na estrada empreendedora. Vieram as dúvidas e incertezas e o conforto de um salário e a ilusão da estabilidade me amarraram onde estou.

"A decisão de sair do emprego já havia sido adiada duas vezes. Eu queria estar mais preparado e estruturado para o salto. Só que o momento ideal para pedir demissão nunca chegava. Já tinha o dinheiro necessário e o plano de negócios.

Mas comecei a me colocar metas no trabalho com a finalidade de postergar a decisão de sair.

"Nesse período de formação empreendedora, minha atuação como funcionário vinha definhando e meu rendimento medíocre foi ficando cada vez mais evidente. Meu comprometimento e motivação para o trabalho no escritório escassearam a ponto de minha diretora me chamar para conversar e dizer tudo aquilo que eu já sabia: que estou acomodado, que estou tendo um rendimento medíocre e que não estou sendo mais útil ao departamento em que trabalho, me sugerindo até mudar de área internamente.

"Se romper com a zona de conforto de um bom emprego é difícil, permanecer no emprego quando sua cabeça já está lá fora é mais difícil ainda. Nenhuma posição me atraía, e nenhuma outra empresa me seduzia. Nenhum salário do mundo me faria abandonar meus planos empreendedores. O empreendimento me trazia incertezas – mas nada me machucava tanto quanto a certeza de que meu lugar não era ali.

"Então resolvi que era o dia de matar o empregado para deixar que nascesse o empreendedor. Adiei essa situação o máximo que pude e passar desse ponto me exporia como um mau profissional dentro da organização em que trabalho, além de adiar o que realmente quero fazer em minha carreira.

"Não sei de muita coisa: se estou pronto, se vai dar certo, se estou fazendo a coisa certa, do jeito certo, na hora certa, mas tenho certeza de que quanto antes eu buscar o que desejo, mais rápido as recompensas virão. Por isso, resolvi me atirar ao desconhecido e encarar o desconforto de mudar."

Eis o que respondi a esse empreendedor:

Bem-vindo! Vida longa e próspera a você no mundo do trabalho e dos negócios. Muita sorte e muita saúde nesse seu salto; lhe desejo tino e perseverança. A coragem você tem. Já teve. Agora é acelerar – sem esquecer de curtir a viagem.

O começo será difícil. Se ter um negócio fosse coisa fácil, todo mundo seria seu próprio patrão. Então, prepare seu espírito para mares revoltos. E também para mares de calmaria. Mais cedo ou mais tarde, sua embarcação encaixará no vai e vem desse grande oceano que é o mercado. E se não encaixar, você sempre poderá trocar de barco.

Se, lá na frente, cansado de guerra, você quiser retroceder, não haverá demérito algum nisso. Bastará colocar de novo uma gravata, recauchutar o velho currículo e batalhar um emprego. Sua experiência no empreendimento contará pontos a seu favor.

Então, considere que o jogo que você está jogando já está de certa forma ganho. Não há muita chance de você perder – o máximo que pode lhe acontecer é ter de recomeçar do ponto em que se encontrava antes de empreender. Isso não é exatamente um prejuízo.

E você tem apenas 25 anos. Essa é uma grande vantagem – porque você tem muito tempo para aprender, inclusive com os próprios erros. Basta que você faça um trato consigo mesmo – *aprender* sempre que errar. *Crescer* com eventuais decisões equivocadas.

Para errar menos, já que você é tão jovem, cerque-se de alguns bons conselheiros. De preferência, outros empreendedores que já tenham vivido situações semelhantes às que você vai enfrentar. Não é feio ter tutores. Muito ao contrário. Adote alguns.

E, acima de tudo, escolha muito, muito bem os seus sócios. Sócio não precisa ser amigo – acho até melhor quando não é. Mas é alguém em quem você precisa confiar. Você tem que admirar um sócio, se sentir bem com ele.

Sócio também tem que aportar – capital, trabalho, contatos, conhecimento, ferramental, o que seja. Sócio que não traz nada para o negócio vira peso morto.

Sócio também tem que ter competências complementares às suas – se associar a alguém bom nas mesmas coisas em que você fragiliza a empresa. Porque os dois atuarão, às vezes de modo conflitante, no mesmo lado. Ou então deixarão o outro lado desguarnecido, sem ninguém tomando conta.

Não esqueça ainda de fazer um bom contrato social – que proteja a empresa e os próprios sócios em caso de conflito ou de fim do negócio. Contrato é isso – você só usa quando alguma coisa vai mal, quando há alguma ruptura. Quando tudo vai bem, e o voo é de cruzeiro, o contrato mofa no fundo de uma gaveta.

De resto, não esqueça: divirta-se. É o que lhe desejo. Muito trabalho, muita realização, muitos bons cases construídos e muito dinheiro no bolso.

Boa sorte!

A grande migração dos empreendedores

Há uns meses perguntei a uma amiga empreendedora, que já lançou vários produtos, que já faliu algumas vezes, que já fundou mais de uma empresa, se ela não sentia saudade do mundo corporativo, por onde havia passado bem no início da carreira.

Perguntei se ela não sentia vontade de ter uma vida mais estruturada, mais tranquila, em certo aspecto, depois de tantos anos na trincheira do empreendedorismo, com tantos altos e baixos, tantos picos e vales.

Ela sorriu e me disse: "Conhecendo esse meu jeito de ir lá e fazer, quanto tempo você acha que eu ia durar dentro de uma empresa?"

Eu achei aquela uma declaração pra lá de interessante. Será que existem mesmo dois DNAs de gente nesse mundo, quem nasceu para ser executivo, para gerir o que já foi criado e cumprir ordens, e quem nasceu para ser empreendedor, arriscando o próprio pescoço criando novos negócios onde antes não havia nada?

Por esses dias, estive com um baita executivo. Que está saindo de uma baita companhia, onde foi diretor de marketing por quase uma década. Um cara com perfil empreendedor, que se pauta pela inovação, que vive para criar, que trabalha buscando jeitos novos e melhores de fazer as coisas. E ele me disse coisas interessantíssimas.

1. O que mais lhe incomodava eram as amarras corporativas. Os comitês, as reuniões, as necessidades de amarração, consenso e validação. A solução era sempre a mais política, a mais "segura", a que melhor equilibrava os interesses (não raro conflitantes) de todos os departamentos envolvidos. A solução nem sempre era, portanto, a melhor. Às vezes sequer era a menos pior. E sim a que causava menos ruído e fricção. A mais *adequada*, a mais *pertinente* – no pior sentido dessas palavras. Nessa perspectiva, um sujeito brilhante atrapalha tanto quanto um sujeito retardatário.

2. Pela mesma razão, as coisas, numa grande empresa, são decididas pela média e não pela ponta. Na melhor das hipóteses, você corta o topo e o rodapé, porque ambos escapam à mediana, e fica com o ponto médio. É a hegemonia da nota 7,5. Algumas pessoas podem preferir chamar isso de "o triunfo da mediocridade".

3. O teto é baixo. "Na vida corporativa, você tem um espaço para atuar que é definido pelo tanto de talento e de competência que seus superiores acham que você tem." Ou seja: enquanto aqui fora, no mundo cão, o céu é o limite se você for bom e souber fazer, lá dentro, no relativo conforto das cadeiras altas, você tem uma jurisdição que é definida à sua revelia e que é sempre limitante para quem tem ambições maiores.

Para muitos, o empreendimento acontece dessa forma: o sujeito tinha uma visão de si, a empresa tinha outra. Ele acreditava mais do que a corporação nas suas próprias competências. Ele se via com um potencial, no qual a empresa não punha a mesma fé. Aí tem uma hora que o sujeito precisa sair da redoma e ir ao mercado, provar para ele e para todo mundo que ele estava certo – e que a corporação estava errada – a seu próprio respeito.

4. Aversão ao risco. Grandes empresas são, essencialmente, mantenedoras. Têm um modelo de negócios que é ou foi vitorioso, operam num paradigma que é ou foi seguro, e fazem o que podem para não mudar, para permanecer exatamente onde sempre estiveram. Por isso elas tentam reproduzir o que já deu certo.

Só que, num mundo veloz, em que ficar parado significa caminhar para trás, os inovadores, que veem a empresa com olhos de futuro, perdem os cabelos com essa ausência de permissão para tentar e testar novos modelos. Muitas vezes defender o sucesso de ontem, e até mesmo de hoje, por mais lógico que isso seja, pode implicar a destruição do sucesso de amanhã.

Por tudo isso, meu amigo me disse que estava muito cansado, desestimulado. Que lhe pesava acordar todo dia, apertar a gravata e ir trabalhar. As segundas-feiras lhe fustigavam. E eram poucos os desafios do seu dia a dia que ainda lhe davam prazer.

5. No fim do papo, ele me disse que via no caminho do empreendimento uma cenoura definitiva: a real geração de valor. "Você pode deixar um negócio para os seus filhos, ainda que nem tenha sido assim tão bem-sucedido à frente dele. Ao contrário, você não pode deixar uma carreira executiva como herança, por mais bem-sucedido que você tenha sido com ela." Um jeito e tanto de ver a diferença entre esses dois caminhos profissionais.

O GRANDE TEATRO DE SE TORNAR EMPRESÁRIO EM CINCO ATOS

Nenhum gesto é mais nobre e corajoso, no mundo do trabalho, do que se lançar às águas do empreendimento. Quem assume esse risco, quem está disposto a se expor e a se reinventar dessa forma, assume sempre as feições de um Príncipe

Valente dos negócios, de um Errol Flynn do mercado, com sorriso juvenil no rosto e uma espada vingadora na mão.

Empreender talvez não seja para todo mundo – mas todo mundo, seguramente, em algum momento da vida, já sonhou em criar e tocar um negócio próprio. E todo mundo pode *aprender* a empreender.

O teatro de se tornar empresário, tanto quanto eu enxergo, é composto dos seguintes atos:

1. ESTE *BUSINESS* EXISTE MESMO?

Você tenta a primeira venda. É a fase da incerteza absoluta. Você desenhou um modelo de negócios, rabiscou um P&L (*Profits & Losses*, ou "Perdas & Ganhos", uma projeção de receitas e despesas), e simplesmente não sabe se aquilo vai para frente.

Afinal, o papel e o Excel aceitam tudo. Você desenvolveu um produto, pensou em um serviço, montou uma entrega. Fez projeções de faturamento, treinou o discurso de vendas. Fez a análise SWOT (*Strenghts, Weakenesses, Opportunities, Threats*, ou "Forças, Fraquezas, Oportunidades, Ameaças"), riscou três cenários, fez tudo como manda a regra. Ou desenhou seu *Business Model Canvas* (algo como "Tela de Modelo de Negócios"). Mas não tem a menor ideia se essa teoria toda vai sobreviver ao teste frio e simples da prática, da vida real, com clientes de carne e osso. É a hora da verdade. É o momento de ser gongado ou não. De ser bem recebido pelo mercado ou não. (Exatamente por isso o conceito de *Lean Startup* – ou "*Startup* Enxuta" – prega que você teste a sua ideia o quanto antes, para poder adaptá-la o mais rapidamente à realidade do mercado.)

2. ESTE *BUSINESS* VAI SE MANTER?

Hora da segunda venda. Os clientes, ou pelo menos alguns deles, compraram sua oferta. Testaram. Fizeram uma degustação do seu produto ou serviço. Deram a chance a você de provar que você está trazendo algo bom e relevante ao mercado. E que sua empresa existe e ela é eficiente e confiável.

Agora é a hora da renovação dos primeiros contratos. Tem loja que enche na semana de estreia, mas depois fica às moscas e acaba fechando. Será que essa será também a história do seu negócio? Você conseguiu transformar *prospects* em clientes. Mas será que eles *continuarão* clientes? Comprarão de novo? Ou será que dirão "não" – a palavra mais dura do universo para quem está investindo em um negócio novo? É a segunda hora da verdade para a sua empresa.

3. ESTE *BUSINESS* PODE CRESCER?

Hora de ampliar a empresa. Você tenta reproduzir os fatores de sucesso e expandir o negócio em outras frentes. Aquela primeira oferta que você levou ao mercado já se consolidou

– tanto quanto é possível considerar um negócio *consolidado* na realidade dinâmica e competitiva dos mercados nos dias que correm.

Seu produto ou serviço já encontrou seu lugar na vida dos seus clientes. É procurado, tem uma demanda projetável para o futuro próximo. Enfim: aquele *business* original saiu do papel e virou uma realidade. Tem fluxo de faturamento, tem um regime de receitas e de custos, gera uma operação e uma margem de lucro.

Agora é o momento de você crescer. Desenvolver outros produtos e outros serviços, para que a empresa não dependa de um único centro de receitas para sobreviver. Você tenta ampliar o relacionamento comercial com seus clientes, por meio dessas novas ofertas, e também conquistar novos clientes.

4. QUE TAMANHO *EU* QUERO TER?

Você olha para o seu negócio, que opera com alguns produtos e serviços no mercado. Você já não é uma *startup* e precisa decidir se quer continuar crescendo e conquistando novos territórios ou se prefere investir em oferecer cada vez mais qualidade nos segmentos em que já atua.

Trata-se de uma escolha. Você pode permanecer pequeno, e manter tudo mais sob controle, ganhando sua grana e tocando a vida sem maiores complexidades. A outra opção é batalhar para virar gente grande de fato. Trata-se de outra realidade: abrir o capital e lidar com investidores, absorver novos sócios na composição acionária, ter muitos funcionários, alavancar a empresa, enfim, essas coisas que causam vertigem a um bocado de gente. É uma decisão importante para o empreendedor: quem eu quero ser e que vida *eu* quero levar.

5. VOU PROFISSIONALIZAR A EMPRESA – OU O NEGÓCIO VAI SER GERIDO PELA FAMÍLIA?

Lá na frente, um dia, essa é a pergunta que estará à sua espera. A derradeira questão, depois que tudo deu certo na sua vida de empreendedor. Parece simples, a menos demandante de todas as questões apontadas nos atos anteriores desse teatro, mas não é.

Os anos de empresariado trazem experiência e sabedoria. Mas também fixam paradigmas e geram apego. Não é simples para a maioria dos empresários passar adiante o que criaram. Ou aceitar que talvez seus descendentes queiram ser apenas acionistas do negócio, queiram ser apenas os donos da empresa, entregando a gestão ao melhor executivo que eles puderem contratar, enquanto vão tocar suas carreiras e aptidões em outras frentes mais afeitas às suas vocações profissionais. Deveria ser mais fácil para o empreendedor enxergar isso, aceitar essa possibilidade. Mas não é.

Você é um "macho empreendedor"?

Ouvi esse conceito esses dias, do dono de uma das maiores agências de propaganda do país, um amigo com quem sempre aprendo alguma coisa.

Segundo ele, o empreendedor tem uma fase, na juventude da sua carreira de construtor de empresas, de realizador de coisas, em que deseja fazer filho com todo mundo. É mais forte do que ele. São seus genes operando. Ele deu certo e não quer parar. Sua vontade é fazer negócio com o maior número de pessoas possível, espalhar seu genoma por todo lugar, por todo tipo de iniciativas, como um macho alfa do mundo dos negócios em completo desvario reprodutivo.

Caras assim, vivendo essa fase, teriam muita dificuldade em dizer "não" para a oportunidade. Estão encantados com o seu brinquedinho de produzir iniciativas privadas. Surgem assim, é possível, os empreendedores seriais – gente que tem muito mais iniciativa do que acabativa, e que termina se metendo em mais frentes do que consegue cuidar de modo apropriado.

Segundo meu amigo, declinar oportunidades é uma questão de maturidade. A capacidade de dizer "não" a novas frentes empresariais é algo que viria com a experiência, e com a percepção de que não precisa mais provar nada a ninguém – nem a si mesmo. Como um Casanova saciado, como um Don

Juan serenado pelos anos de atividade sexual intensa e pouco seletiva, o empreendedor amadurece – para empreender menos e melhor.

O QUE O EMPREENDEDOR E O ARTISTA TÊM EM COMUM?

Nesses dias, eu reparei em quatro características que são comuns entre quem se dedica à criação artística e quem se dedica a criar negócios:

AUTOCONFIANÇA

É preciso crer em si mesmo, mesmo quando ninguém mais em volta entende, aceita ou acredita no que você faz ou deseja fazer de si mesmo.

É preciso coragem para arriscar, para se jogar, para concretizar o sonho.

É preciso ter um pacto firme consigo mesmo, que lhe permita quebrar a cara sem grandes culpas ou devaneios. Entendendo que tentar e errar fazem parte da vida.

Quem for um verdugo de si mesmo (tantos de nós atuamos tantas vezes assim...) não consegue ir muito longe – nem na arte nem no empreendimento.

GOSTO PELO PALCO

É preciso apetite para mostrar a cara e para dá-la a tapa.

O artista tem que se expor, ficar nu, subir no palco, esvair-se em suores e perdigotos e lágrimas, extrair-se de dentro de si mesmo diante dos outros, todo dia – sabendo que a plateia lhe será muitas vezes hostil ou insensível.

O empreendedor precisa de apetite semelhante para vender, para convencer, para levar a palavra e a ideia adiante, para traduzir o conceito aos gentios, aos incautos munidos de tomates e ovos, e para catequizar aqueles que ainda não enxergam, para esclarecer àqueles que ainda não compreendem aquilo que para você aparece como um óbvio ululante.

OUSADIA

Quem gosta de zona de conforto, de tranquilidade, de garantias, não pode viver essas vidas – nem a do artista nem a do empreendedor.

É preciso ser um pouco louco para fazer o que poucos fazem, para operar contra as estatísticas e contra o bom senso, e contra as melhores expectativas que pairam há anos sobre você, vindas da sua família, vindas de você mesmo, vindas de quem lhe ama e lhe deseja tudo, e também de quem lhe odeia e quer lhe ver sem nada.

Se parar para pensar, o empreendedor não empreende.
Se parar para pensar, o artista vai fazer outra coisa da vida.

PERSEVERANÇA

É preciso resistência e disciplina e muito combustível para aguentar os trancos que esses dois caminhos trazem. Na arte e no empreendimento, a estrada é tortuosa – e circunda desfiladeiros.

Prepare-se. Tem porrada, tem desvãos, tem beiços, tem jogos espúrios de força, tem abuso de poder, tem trapaça e conluio, tem humilhação e covardia. Sim, há disso em todo lugar onde haja seres humanos. (Assim como há superação, solidariedade, sorrisos gentis, piscadelas acolhedoras e outras coisas boas.)

Mas, especialmente em terrenos altamente instáveis como uma *startup*, ou em terrenos subjetivos como a arte, é preciso aprender a rolar na lama e a tomar tapa na cara, e a suportar ponta de cotovelo na costela. (Assim como é preciso aprender até onde assimilar esse tipo de coisa – e quando recusar, revidar, recuar, desistir, avançar, superar, ultrapassar, dar a volta por cima.)

Há empregos muito duros – mas quase nenhum se compara à prova de fogo de fazer decolar uma empresa para, depois, sustentá-la no ar. Há outras profissões ingratas – mas poucas requerem tanto sangue-frio e estômago de aço quanto a carreira artística. E vice-versa.

O BRILHO NO OLHO QUE SÓ OS GRANDES EMPREENDEDORES TÊM

Eu acho que falta um pouco de "vamos que vamos" na minha vida. Me dei conta disso esses dias. "Vamos que vamos" é uma frase usada com frequência por um empreendedor que admiro. Um menino. Deve ter uns 35 anos (ou menos) e há cinco anos deixou a vida executiva para pilotar a sua empresa. Nesses 60 meses, saiu do patamar de um cliente e dois funcionários para 70 clientes e 150 funcionários. Nada mau. Ele e seu sócio foram colegas na faculdade e planejavam desde lá abrir um negócio juntos. Uma história bonita de amor sem sexo. (Até onde eu sei.) Grandes sociedades empresariais são isso – casamentos sem sexo. (E que, às vezes, até sexo têm.) Parcerias marcadas por amor, admiração, solidariedade, respeito, cumplicidade, comunhão, confiança, apoio mútuo – e alguns arranca-rabos.

O "vamos que vamos" dele é um chamado a avançar, superar obstáculos, focar nas soluções e não nos problemas. Já eu sou um perfeccionista. Não gosto de ir adiante sem deixar tudo atrás de mim arrumado. Sou meio obsessivo com esse negócio de achar o *the one best way*, ou "o melhor jeito", do

Frederick Taylor, para resolver as situações. Enfim, sou um escravo da eficiência, uma vítima do senso de organização, de completude e de retidão (ou de arredondamento de arestas, se você preferir. Sem perceber que é possível, e que às vezes é preciso, conviver com as arestas).

Isso tudo traz para a minha vida, aqui e ali, uma trava – quando o ótimo acaba virando inimigo do bom. O "vamos que vamos" dele é uma celebração da ideia de que nem sempre dá para ser ótimo e de que o bom também é bom. É uma conclamação a olhar mais para a floresta do que para as árvores, e dar o passo que precisa ser dado sem se apegar demais a detalhes que, no atacado, acabam ficando mesmo irrelevantes.

"Vamos que vamos" é um convite a atuar mais como governador do que como prefeito – coisa que todo líder precisa aprender a fazer. Um convite a admitir que a vida é imperfeita, orgânica e incontrolável – e que ainda assim é preciso viver, afrouxar um pouco o controle em determinados momentos, e seguir.

Eu lhe digo: só com "vamos que vamos" se consegue crescer tanto como ele cresceu em apenas cinco anos. Só sendo mais prático e menos filosófico, só se dedicando a fazer mais e falar menos, só impedindo que a reflexão venha a inibir a ação se pode realizar o que ele realizou junto com seu sócio. E empreender é isso: caminhar para frente – e não para trás, nem para o lado.

O "vamos que vamos" embute uma fé inabalável no futuro, em si mesmo, no mercado, no empreendimento, nos clientes. "Vamos que vamos" é acreditar. Sem piscar. E isso é fundamental – a convicção de que as coisas darão certo.

Por fim, o "vamos que vamos" é também a habilidade de transformar a tremenda energia que normalmente gastamos com ansiedade e autocomiseração em energia propulsora, em ganas de realizar.

O risco da política do "vamos que vamos" é a lassidão, quando o sujeito passa a ignorar detalhes fundamentais que mais tarde cobrarão o preço de não terem sido analisados com a devida atenção. Quando o sujeito aposta muito no "vamos que vamos", ele pode construir sua obra sobre alicerce frágil – porque não olhou direito para minúcias importantes, porque não atarraxou corretamente os parafusos da base, porque na hora de ser criterioso ele simplesmente disse "vamos que vamos".

É essencial dosar bem esse insumo. Muito "vamos que vamos" é ruim. Pouco ou nenhum, também. Quanto a mim, confesso, queria um pouco mais dessa atitude para mim.

3
TER SÓCIOS OU SEGUIR SOZINHO?

A IMPORTÂNCIA DO ONANISMO NO MUNDO DOS NEGÓCIOS

Há situações na vida em que você só poderá contar consigo mesmo.

Claro que é muito bom poder contar com alguém. Infelizmente, porém, quase tudo o que é bom nessa vida é raro ou é caro ou é ambas as coisas. E nesse quesito não é diferente: é difícil encontrar alguém para ombrear o cotidiano com você, para dividir a barra do dia a dia.

No mundo do empreendimento, o sócio é o sujeito que está do seu lado de verdade, que lhe dá o conforto da presença e a garantia de solidariedade nos dias em que o sol não sai. Ele lhe dá apoio. E você o reenergiza quando é no tanque dele que o combustível está faltando.

Quem tem um sócio bom sabe como ninguém o significado da expressão "tamu juntu". Quem não tem, sente o frio da solidão, mesmo no mais cálido dia de verão.

Há, no entanto, quem ache que essa presença, que esse conforto, que essa figura com quem trocar e com quem dividir, simplesmente não vale a pena. São os caras que decidem ir sozinhos, e se lançam na aventura de empresariar cuidando apenas do próprio nariz, sem ter ninguém do lado. Consideram que ter sócio é um peso, um atrapalho, um problema a mais.

Paralelamente, há também aqueles que, mesmo com sócios, se veem miseravelmente solitários. Ou porque os sócios já não aportam mais nada. Ou porque os sócios já não se entendem, e a única coisa que passam a dividir é desconfiança, amargura e ressentimento. O conforto vira urticária, a solidariedade vira rancor e o apoio vira traição. Todos perdem – a começar pelo negócio em si.

Tanto quanto o cavaleiro solitário, tanto quanto o cara que atua sozinho, esse empreendedor que se encontra na situação de acordar um dia pela manhã dormindo com o inimigo (às vezes, mais de um) precisa desenvolver a capacidade de se bastar. É bom ter alguém, mas não se pode depender disso para ir adiante.

Às vezes, como Onan, temos que nos resolver sozinhos. É preciso conviver bem com a certeza de que, no fundo, só podemos contar incondicionalmente conosco. Precisamos encontrar em nós recursos que nos permitam continuar navegando no rumo certo, com ou sem ajuda alheia. Especialmente naqueles períodos de baixa, de turbulência, de horizonte enuviado, quando estamos mais frágeis.

Quando você desenvolve esse grau de autoconfiança e de autossuficiência, tudo fica mais claro e mais justo. Seja para continuar remando na Nau dos Insensatos (essa é uma boa definição para uma empresa com desavenças societárias), seja na perspectiva de recomeçar em carreira solo, num CNPJ só seu, ou para encontrar novos parceiros e trocar de barco.

Tudo o que aprendi sobre o mundo dos negócios

Escrevi um livro sobre vida executiva, com o título acima. Um relato sobre o dia a dia profissional nas grandes corporações, suas delícias e suas desgraças. Um livro escrito basicamente sob a ótica de quem tem um emprego.

Depois escrevi *O Executivo Sincero – Revelações subversivas e inspiradoras sobre a vida nas grandes empresas*, o livro que abre essa trilogia, também focado no mundo corporativo, para ser lido por executivos.

Eu não imaginava, naquele momento, que iria, tão cedo na vida – aos 36 anos –, mergulhar no empreendimento. Muitas regras e lições valem para os dois mundos. Mas há um bocado de coisas novas, insuspeitas e específicas que aparecem para quem troca o salário por um pró-labore. Um bocado de coisas muda em termos de rotina, de lógica e de organização do pensamento e das ações.

Um elemento que existe do lado de cá da vida é o "sócio". Não é um patrão nem um funcionário. Também não é um colega de trabalho. Não é um fornecedor nem um cliente. Também não é um concorrente. Não é um amigo nem um confidente. Não pode ser seu ídolo, e nem será seu fã. Ele ou ela está do seu lado (momentaneamente), mas não é um irmão nem seu procurador ou advogado.

Há quem diga que sócios, bem, melhor não tê-los. Ou que o máximo de participação que faz sentido entregar aos sócios numa sociedade é 49% – a partir disso é problema. Também há quem diga que a maioria dos empreendedores só busca sócios porque tem medo de caminhar sozinha. Enfim: se não tivéssemos medo do escuro, não chamaríamos ninguém para dormir conosco.

A tese é que só nos associamos quando precisamos diluir algum risco. Ou de uma competência que não temos, ou do capital que estamos investindo, ou dos contatos comerciais de que não dispomos. (O que é um raciocínio que olha mais para um cenário de fracasso do que para um cenário de sucesso. Quando você quer um sócio para dividir o jiló com você, é muito provável que você vá começar a se estranhar com ele pelos corredores assim que o jiló der lugar a uma bandeja de pêssegos maduros, cheirosos e doces.)

É comum que isso aconteça. Você chama o sócio porque precisa de alguma coisa que julga não ter – e que julga que ele tem. Assim que essa necessidade se torna menos crítica, ou desaparece, você passa a olhar seu sócio de esguelha. Daí para a relação azedar e para ambos começarem a se cutucar com propostas de compra e de venda, cada um querendo aumentar a sua própria participação no negócio que vai bem, é um pulo.

De minha parte, penso que sócio tem que aportar. Ou coloca grana no negócio ou coloca trabalho. Não basta ser sócio, tem que participar. Aprendi que tem sócio com função executiva e sócio investidor. E que deve haver respeito e equilíbrio entre ambos. E que ambos devem mexer seus respectivos pauzinhos a favor da empresa.

Aprendi também que há dois momentos em que os sócios, mesmo os mais íntegros e bem-intencionados, ficam muito propensos a brigar: um, quando o negócio dá muito certo; outro, quando o negócio dá muito errado. Tirando isso, é só harmonia.

A FÁBULA DO PORCO E DA GALINHA

Você já ouviu essa, é claro: o porco e a galinha queriam fazer um café da manhã. A galinha entraria com os ovos, para o omelete, e o porco com o bacon... (É uma fábula de origem anglo-saxã, como se pode ver.) A moral é que, num negócio aparentemente equilibrado, com dois sócios aportando contribuições em princípio equivalentes, a galinha arrisca pouco, emprestando um recurso que lhe é renovável, enquanto o porco arrisca tudo, entregando o próprio lombo, sem possibilidade de reposição. É uma pequena e poderosa lição de como coisas semelhantes podem ser terrivelmente diferentes. E de como os distintos aportes de sócios num negócio podem ser a garantia do equilíbrio eterno – ou então a origem de uma discórdia sem fim.

A primeira vez que ouvi essa anedota foi por telefone, em abril de 2000, quando a chamada "bolha da internet" estourou e a Nasdaq, a bolsa de valores americana especializada em empresas de tecnologia, quebrou, pulverizando alguns bilhões de dólares mundo afora.

Eu era um jovem executivo bem posicionado, tinha 29 anos e sofria com aquela terrível coceira que todos, naquela época, traduzíamos na seguinte pergunta, que nos martelava a cabeça e o coração: "O que eu vou contar para os meus filhos quando eles me perguntarem o que eu estava fazendo no surgimento da internet?"

Era a Corrida do Ouro digital e eu estava prestes a mergulhar no projeto de um site com um sócio. A situação era a seguinte: ele tinha outros negócios, que continuaria tocando, e eu largaria meu emprego para tocar aquela iniciativa. Ou seja: ele era a galinha, disponibilizando meia dúzia de ovos, e eu era o porco, com o machete na mão, pronto para arrancar minha própria carne em nome daquele sonho.

Eu estava na Itália, de férias, quando a bolha estourou e milhares de ideias tão boas (ou tão ruins), tão promissoras (ou tão malucas) quanto a nossa desceram ralo abaixo, e desapareceram para sempre, sem direito à apelação.

Meu quase sócio, num telefonema internacional que fiz a ele, e que ele se prontificou a pagar, me disse que eu não deveria dar o salto naquele momento. Eu queria dizer aquilo a ele, mas ainda não tinha sintetizado esse sentimento dentro de mim. Ele me ajudou a compreender a situação em que nos encontrávamos – e a pôr um fim a ela. Ele foi, portanto, muito legal comigo. (Esse cara sempre foi muito bacana com minhas ignorâncias, ingenuidades e idiossincrasias. Por isso guardo tanta simpatia por ele, até hoje. E lhe serei eternamente grato.)

Anos mais tarde, me encontrei de novo na situação de empreender. Mas aí, nesse novo momento, já não tinha tanto a perder. Para quem não nasceu galinha, nem herdou essa condição de viver na relativa segurança de ser um fornecedor de ovos, um belo jeito de deixar de ser porco, e de ter que entregar sempre a própria pele para compor um café da manhã, é aproveitar os momentos em que a vida não lhe deixa muita alternativa para saltar.

Aos poucos, com luta, você vai trocando o focinho por um bico, os pelos por penas, os cascos por patas galináceas, até que, quando vê, está também pondo ovos e não precisando mais arrancar nacos de si mesmo para realizar alguma coisa.

A diferença entre abrir uma empresa e construir uma companhia

Há dois jeitos de empreender. Num deles, você constrói uma *empresa*. Noutro, você constrói uma *companhia*.

Ao construir uma empresa, uma *enterprise*, em inglês, você se atira a uma aventura grandemente solitária. Como um Alain Quatermain ou um Indiana Jones, com chicote na mão, revólver na cintura, chapéu na cabeça e uma frase pronta no coração: "Eu trabalho sozinho."

Nessa acepção, o empreendedor é um herói que não quer ninguém cavalgando ao seu lado. É um cara que se basta, que costura tudo dentro de si, que não abre espaço para mais ninguém no seu plano de voo. Steve Jobs é um bom exemplo desse arquétipo. Ele era o centro do seu próprio universo. E não cabia mais ninguém ali.

Há mesmo um aspecto solitário em criar uma empresa. Empreender é, antes de tudo, dar um passo maior do que as pernas. Trata-se, sempre, de jogar uma bola lá na frente e correr feito um louco para chegar a ela antes que se perca pela linha de fundo.

Empreender é ir morar num farol, numa ilha rochosa feita de riscos, no meio do mar revolto do mercado. O empreendedor à la Jobs se isola e faz dessa ilhota o seu farol da solidão. Tudo depende dele. Sua autoconfiança e sua visão pessoalíssima são o combustível que leva tudo adiante. A empresa, a sua *enterprise*, é um espelho exato, sem retoques, das suas forças e das suas fraquezas. Os únicos temperos na sopa são os seus – com o que ele tem de bom e com o que ele tem de ruim.

De fato, a maioria das pessoas não entende – e só às vezes admira – a ousadia e o desprendimento de quem empreende. O empreendedor é muitas vezes um cara que causa estranhamento e ultraje. Um cara que afasta um pouco, com a sua conduta, quem está por perto. E que não raro perde o apoio até mesmo da família e dos amigos. É a mulher que exige a segurança de um holerite, o pai que sugere um concurso do Banco do Brasil, os amigos com carros e celulares da corporação bacana que os emprega e que parecem levar suas carreiras e suas vidas numa outra galáxia, muito mais confortável e lógica.

Não raro o empreendedor força essa rede de relacionamentos e de proteção ao limite da elasticidade com a sua atividade de alavancar o presente em nome de um sonho e de uma promessa de ganho futuro. O sujeito que se atira a *enterprises* exaspera quem se importa com ele exatamente como Alain Quatermain e Indy exasperariam namoradas e familiares com seus movimentos ousados.

Outro jeito de empreender é construir uma companhia, uma *company*, em inglês, palavra que deriva de *companion* ("acompanhante"), de *acompanny* ("acompanhar"). Assim como "empresa" remete à aventura, expedição e conquista, "companhia" remete a companheirismo, companheiro, fazer companhia ou estar na companhia de alguém. Nessa acepção, empreender significa estar perto de alguém, ter alguém ao lado, ter, enfim, *companhia* para superar os obstáculos e as intempéries do caminho empresarial.

Esse é o caminho de ter um sócio. Ou mais de um. Ter alguém com quem trocar ideias. Alguém para ombrear, para dividir o fardo, as dúvidas, para ajudar, para pedir ajuda, para complementar as suas características – e assim tornar o empreendimento mais forte do que seria se você estivesse sozinho.

Talvez o famoso triunvirato da 3G Capital, Jorge Paulo Lemann, Marcel Herrmann Telles e Carlos Alberto Sicupira, que atua junto há mais de 30 anos, seja um bom exemplo desse arquétipo.

No primeiro caminho, você constrói uma empresa. E será um campeão do tipo Usain Bolt. No segundo, você terá uma companhia. E será um campeão do tipo Barcelona.

4
CÁ ENTRE NÓS, QUE GOSTAMOS DA VIDA SEM PATRÃO...

Você já realizou um sonho hoje?

Quantos passos você dá por dia na direção do seu sonho? Quantos passos você deu *hoje*?

É preciso caminhar todo dia na direção daquilo que você quer. Não importa qual seja o seu sonho. Nem de onde você esteja partindo. Importa você ter clareza do que quer. E caminhar em direção a isso. Um passo todo dia, sempre na mesma direção, um dia após o outro, com tino, foco e resiliência.

A vida já deve ter lhe ensinado: as coisas dificilmente vêm até você – especialmente aquelas que você mais deseja. É preciso ir até elas. E elas quase nunca estão próximas, ao alcance da mão – especialmente aquelas que você mais deseja. Então é preciso caminhar. Muitas vezes, dezenas de quilômetros – que você jamais vencerá se não tiver o denodo, a paciência, a perseverança de avançar alguns metros todo dia. E essa contabilidade tem que ser *diária*. O que não vira rotina também não vira prioridade.

Você jamais chegará a algum lugar se não sair do lugar onde está hoje. Você jamais concluirá uma obra se nunca se dispuser a começá-la. É preciso inspiração e é preciso energia para transformar suas visões em obra concreta. Imaginar é ótimo. Mas erigir com tijolo e cimento, e não só com sinapses, é muito melhor. É isso que diferencia meninos e meninas sonhadores de homens e mulheres realizadores. Uma coisa é o plano, o projeto, a ideia. Outra coisa é a *obra*.

Não colocar a realização dos seus sonhos como prioridade equivale a não se colocar como prioridade para você mesmo. Parece absurdo, mas é um comportamento absolutamente comum – jogar o que você mais deseja na vida para o fim da fila. Por medo de tentar e não conseguir, você não tenta. Por medo de se frustrar, você posterga – e mantém o sonho no terreno confortável da quimera, onde a realidade não lhe possa macular.

Só que aí a vida passa – e como ela passa rápido! – e a gente não realiza. Ou realiza *outras* coisas, ao invés daquilo que mais queríamos. Com sorte, essas outras realizações nos preencherão e nos farão felizes. Com menos sorte, elas jamais servirão para aplacar a sensação de que não chegamos a ser quem de fato poderíamos – e queríamos – ter sido. E de que você não chegou a fazer aquilo que de fato gostaria de ter feito.

Por isso, toda noite, ao pôr a cabeça no travesseiro, o sujeito deveria se perguntar – o quanto eu avancei *hoje*? Fiz alguma coisa por mim, pela minha agenda – ou só trabalhei para os outros, pela concretização dos sonhos e da obra das outras pessoas, me guiando por expectativas alheias e por uma agenda que não era a minha?

Faça esse exercício. Imagine que a trajetória para a realização dos seus sonhos começa agora. E lembre-se de que os sonhos não se realizam – nos é que os realizamos. À noite, na cama, todo dia, responda a si mesmo: "Quanto caminhei *hoje* na direção de mim mesmo?"

Nunca desista de si mesmo

"Tudo na vida tem jeito. A única coisa que não tem jeito é a morte." Ouvi essa frase aos 22 anos, no início da carreira, do presidente da empresa em que trabalhava, no meu primeiro emprego corporativo, como assistente de marketing.

Foi legal ver o mundo pelos olhos do cara nem que fosse por um instante apenas. Bastou para que eu aprendesse alguma coisa. Ele era dono da companhia – tinha entrado como executivo e tinha virado patrão. Era um *maverick*, como dizem os americanos. Um virador, um trator, um avião. E ali me ungia com um pouco daquela autoconfiança, daquela segurança que só os vencedores têm. (Soube há pouco que ele morreu. Sua tese estava certa.)

Claro que não aprendi integralmente aquela lição. Ainda viveria em minha carreira, ao longo das duas décadas seguintes, muita paúra, muita sensação de impotência, muita insegurança, muita vontade de sumir pelo buraco do coelho.

Você não aprende de verdade com o tombo dos outros – é preciso cair e levantar por si só. E ninguém aprende a caminhar vendo os outros correrem – é preciso se largar sozinho no espaço e encarar sem apoio externo a aventura de dar um passo depois do outro. É assim que um dia você se perceberá na pista, correndo ao lado daqueles caras que lhe inspiraram lá atrás, e fazendo sem muito esforço percursos que imaginou que jamais conseguiria.

Há poucas semanas ouvi, de outro superempresário, uma frase bastante parecida: "Tudo se resolve. No fim, tudo dá certo." A mesma dose de confiança, de experiência, de sapiência grisalha, de autoestima marinada pelos anos, de batalha.

Então me ocorreu que boa parte de vencer é não desesperar, é não se deixar derrotar, é não entregar os pontos antes da hora. Talvez uma das principais características de quem se dá bem seja acreditar que vai dar certo, seja ir adiante, seja não desistir antecipadamente nem entrar em pânico diante da primeira adversidade.

Aqueles dois caras sabiam que, se você remar do jeito certo, uma hora o barco chega lá. Pode ser mais devagar ou mais rápido, pode ser pelo caminho mais curto ou mais longo. Mas se você não jogar os remos de lado, e não ficar reclamando da vida, do mundo e dos outros, vai acabar chegando à outra margem do rio, de um jeito ou de outro.

Eis o ponto: não desista de si mesmo. Nem dos seus sonhos, nem dos seus projetos, nem dos seus empreendimentos.

A HORA CERTA DE DESISTIR

Persistir é preciso. Exceto nos momentos em que continuar caminhando naquela direção não for a decisão mais inteligente.

Às vezes, puxar o plugue da tomada é a melhor coisa que você pode fazer. Seja num casamento, seja num emprego, seja num empreendimento, seja na tentativa de conquistar alguma coisa ou alguém – uma cidade nova, um novo ambiente de trabalho, um novo chefe.

Há momentos para investir, para aguentar o tranco e ir adiante. Há grande valor nisso – na bravura, na persistência. E há momentos para desinvestir, para olhar a situação de cima e, com serenidade e inteligência, decidir se vale a pena continuar ou não. Também há muito valor nisso. Na capacidade de sair das aventuras na hora certa, antes que elas terminem mal.

A desistência nem sempre significa derrota. Várias vezes, inclusive, ela pode representar uma vitória pessoal. É preciso ter coragem para colocar o ponto final numa frase que você considera que já está longa demais ou que está ficando cada vez mais mal escrita. Isso pede uma coragem tão grande quanto aquela necessária para começar a frase, para começar a deitar palavras numa tela em branco. Portanto, nem sempre pedir a conta e deixar o recinto são sinônimos de covardia. Cair fora pode ser um ato de respeito a você mesmo. Um ato de sabedoria.

A sensação de encerrar uma experiência que não está mais lhe satisfazendo é libertadora. É uma lufada de frescor, de energia boa. Uma sensação de liberdade e de poder, de agarrar de novo o volante da sua vida e a prerrogativa de decidir para onde seguir.

Há grande diferença entre o *quitter* e o *loser*, dois arquétipos da cultura de competição americana. Enquanto, por lá, o *winner*, o "vencedor", o cara popular, o *self-made man*, o "cara que se fez sozinho", pode tudo, ao conquistar o pedaço e olhar tudo de cima da sua torre (de onde pode também cair a qualquer momento e se esborrachar legal, não esqueçamos), o *quitter*, o cara que "desiste", é o cara que se recusa a seguir naquela toada, o cara que breca o carro, devolve as chaves e diz: "Não quero mais." O *quitter* assume posição ativa, faz uma escolha, por isso goza de um pouco mais de respeito social do que o *loser*, o "perdedor", figura que ninguém quer ser. *Loser* é o cara que se dá mal, que termina em último (ou mesmo em segundo…) o cara que tenta e não consegue, e que ao buscar a expansão se vê reduzido, numa posição passiva em que a vida faz a escolha por ele.

Trata-se de uma tremenda bobagem dos gringos. Uma rematada injustiça. Na vida, cair é serventia da casa. E qualquer um que cai pode se levantar no minuto seguinte. Exceto se acreditar nesse jeito americano de ver as coisas e colar na própria testa a etiqueta do cara que nasceu para não dar certo. Esse cara não existe. Todo mundo pode e vai dar *certo* em alguma coisa na vida. Assim como todo mundo pode e vai dar *errado* em alguma coisa na vida. Trata-se, no mais das vezes, de achar a coisa certa para fazer. E de não parar nunca de procurá-la – inclusive dentro de si mesmo.

Apostar mais ou cair fora?

Tentar um novo negócio e ele não dar certo não constitui problema algum. Ouvi isso de um sócio, anos atrás. Ele era um cara escaldado, que já tinha aberto e fechado várias empresas. E me dizia que, quando uma iniciativa mostra claramente que não vai adiante, a decisão a tomar é simples: liquida-se a fatura e parte-se para outra. Não há vergonha alguma nisso. O Google encerra negócios todo dia. Então, você também pode.

Quem está no empreendimento tem que estar preparado para essa eventualidade. Todo dia um cliente pode entrar e todo dia um cliente pode sair. Todo dia você pode acordar e ver pela janela sua horta verdejando – mas pode também vê-la esturricar ao sol, ou então ser devorada por uma nuvem implacável de gafanhotos. É do jogo. Basta que você esteja preparado, inclusive emocionalmente, para dar baixa naquela iniciativa e para começar outra.

    O grande problema, nas palavras do meu ex-sócio, não é a "merda", mas a "meia merda". Quando o negócio não está indo para frente, mas também não está ruim o suficiente para que você perca as esperanças. Aí é que mora o perigo. Aí é que você pode perder um bocado de dinheiro. Na hesitação entre ir embora e continuar tentando, há um poço sem fundo. Como numa mesa de pôquer.

    Num dia, você ficará pensando que o melhor é realizar logo o prejuízo e parar de enfiar tempo e grana numa operação que não mostra sinais de que vá retornar esse investimento. No dia seguinte, você pensará que é preciso ter fé, que é preciso ter coragem, que é preciso insistir, que dá para aguentar um pouco mais.

    Há também o envolvimento afetivo com o negócio. Você planejou, você sonhou, você batalhou, você suou, empenhou seu talento e seu dinheiro. Dar o tiro na nuca de um filho é uma decisão terrível.

    Nessas horas, é preciso ter frieza. Agir racionalmente. Mas, peraí: não foi exatamente a paixão e o entusiasmo que lhe fizeram acreditar? Como deixar de acreditar agora? Ou melhor: qual é a hora certa para deixar de acreditar?

Você está se enganando e deveria cair logo na real? Ou você deveria se agarrar ao bote e descer as corredeiras porque lá embaixo existe um lago de águas tranquilas, com peixes em fartura?

Cada um encontrará a sua resposta. Há situações em que sair o quanto antes é o melhor a fazer. E outras em que a coisa certa é ficar e aguentar o tranco, porque a virada está na próxima página. Não há como saber. Ainda assim, você terá que decidir. E rápido. Com base em análise e experiência. E com base em intuição também.

NADA VALE A SUA PAZ DE ESPÍRITO

Como empresário, já fui um fornecedor pequeno brigando no meio de gigantes. Ralava para ser relevante. Não tinha as melhores conexões – num lugar em que as conexões eram tudo. Havia uma liturgia ali, regada por relações antigas, que eu não praticava do melhor modo. O ambiente demandava um glossário e um jeito de falar e de agir que não me esforcei muito para dominar. Eu queria estar ali. Mas não à custa de ter que deixar quem eu era do lado de fora da porta.

Um dia, numa daquelas conversas de fim de reunião, a moça começou a falar de um filme a que havia assistido e que se passava na Malásia. Perguntei se era ambientado em Kuala Lumpur e ela me respondeu: "Não, ele se passa na Malásia", meio impaciente por eu não estar prestando atenção à conversa. Então aquele papo, que não tinha a pretensão de significar nada além de uma amenidade, acabou ganhando um sentido: há fornecedores imperfeitos, e eu por vezes talvez seja um deles – mas há clientes piores ainda.

E eu fiquei por causa da grana.

Como executivo, já trabalhei em ambientes em que fui humilhado. Em que cheguei de boa-fé e tomei tapa na cara. (Aguentei o tapa para mostrar fibra. E isso não me valeu nada além de novos tapas.) Ambientes em que eu não tinha amparo nem para cima, nem para os lados, nem para baixo. Em que não tinha nenhuma certidão de pertencimento a apresentar – o que é um pecado mortal no mundo corporativo. Você precisa escolher bem algumas mãos para beijar, você precisa oferecer lealdade e subserviência em troca de proteção, se quiser crescer de verdade.

Já trabalhei em lugares em que a gentileza vira obrigação. E em que a rudeza é a regra geral de convivência. Em que para se sentir engrandecido é preciso diminuir quem está à volta. Lugares em que as disputas são vencidas no grito. Ou então antes do grito – pela heráldica do sujeito. (Nunca por mérito.)

Lugares em que para sentar à mesa é preciso saber jogar o jogo das cotoveladas e das rasteiras. Eu me recusei a operar dessa forma. E me dei mal. Poderia ter saído antes. Mas fiquei até o final. Para curtir a vertigem da queda até o último metro. É muito melhor estar livre, em busca de um novo projeto para chamar de seu, do que estar trancado no inferno em nome de um salário.

Mas fiquei por causa da grana.

Não sei quem você é nem onde você trabalha. Não sei qual é a sua profissão nem qual é a sua formação ou o cargo que ocupa. Sei só uma coisa, aprendida duramente pela experiência, e que gostaria de dividir aqui com você: nada vale a sua felicidade. Nem a sua paz interior. Que sentido faz se acomodar numa posição que só vai lhe envenenar o fígado?

O mercado de trabalho está apinhado de péssimos lugares para trabalhar. E, no entanto, a gente vai ficando, tentando se adaptar a chefes brutais, a colegas desonestos, a patrões que não valem um peido de vaca. Em nome de um salário e de um par de benefícios.

Diante de ambientes assim, só resta riscar uma linha no chão e saber exatamente a partir de que ponto você não vai deixar ninguém passar. Inclusive para não acreditar que a inadaptação àquele ambiente decorre de um problema com você. Inclusive para não correr o risco de virar um daqueles chefes, um daqueles colegas, um daqueles patrões.

Se eu pudesse lhe dizer só uma coisa, lhe diria isso, de todo o coração: seja você um empreendedor ou um executivo, sempre que a única razão para ficar for a grana, caia fora.

Quer se transformar num Lorde Sith? Pergunte-me como

Esses dias me deparei com o tipo de empresário que eu gostaria de ser. Ou ao menos com o aspecto do empreendedorismo que mais me fascina.

Eu conversava com um garoto que em quatro anos construiu, com seu sócio, uma empresa pujante e promissora que tem hoje mais de 100 funcionários e que não para de crescer. Eles a erigiram do nada. Sem capital, sem sócios investidores, sem nenhum tipo de facilidade extra, alavancagem ou anabolizante. Fizeram-no apenas com a força de uma visão e com a potência do trabalho de ambos – e do time que montaram.

Uma hora deixei de acompanhar o que o garoto dizia para prestar atenção ao seu estilo. Era admirável o tesão grandiloquente com que tratava as oportunidades e as perspectivas. O grande empreendedor é, antes que tudo, um otimista. Um cara que sempre vê a metade vazia do copo como mais um espaço para preencher com sua iniciativa. Um cara feliz com o que faz – mesmo nos momento difíceis. Um cara que se diverte com os jogos de mercado, com os altos e baixos, com as negociações, com a composição das estratégias, com os discursos de venda. Um cara que leva com alegria a rotina de trabalhar 14 horas por dia, e contratar e demitir gente, e comprar numa ponta para vender na outra.

Grandes empreendedores, com a energia santa que os impulsiona ao sucesso, nunca se cansam. Não se prendem a detalhes. Nunca ficam sorumbáticos diante da vida e da carreira. Olham para o grande cenário e alçam voo.

Eu conectei um pouco a minha bateria naquela corrente elétrica. Naquela simpática megalomania diante dos negócios e da vida. Naquela convicção de que tudo é possível, de que tudo vai dar certo, de que é obrigatório pensar grande e de que o único erro é deixar de fazer ou fazer malfeito ou entrar no jogo devagar demais, abrindo espaço para que outros o façam com mais agilidade e mais eficiência.

Eu estava encantado com aquela capacidade de sonhar e de se entregar à realização dos sonhos. Com aquela autoconfiança criadora, redentora. Com aquela ambição fazedora, com aquela energia boa fluindo, segura de si mesmo e da sua capacidade de mudar o mundo para melhor.

Mais ou menos meio ano antes disso, eu tinha me deparado com o tipo de empresário que *não* quero ser. Fui conhecer um capitão da indústria da mídia. E diante daquele patrão sentado à frente de um veículo, ou de um punhado de veículos, percebi o que *não* queria fazer da minha vida.

O sujeito era completamente venal. Tinha o olhar vazio, frio. Sua lente estava reduzida a uma visão pecuniária da vida. Tinha uma relação pragmática, meramente financeira, com o negócio. Não tinha paixão alguma. Não tinha mais a capacidade de se emocionar. Esse é um efeito colateral de quem vê o mundo exclusivamente por meio de uma planilha Excel – trata-se de um jeito tão árido de olhar para a vida que em pouco tempo nem mesmo um *bottom line* empolgante entusiasma mais.

Para empresários assim, a felicidade desaparece do mundo do trabalho – mesmo quando as coisas vão bem. Basicamente, porque o sujeito enxotou de sua vida todas as condições para que a felicidade pudesse acontecer. Ele não pensa mais em realizar, em inovar, em gerar um legado. Tudo que ele quer é enfiar mais dinheiro no bolso.

Aquela reunião foi bastante desagradável para mim. Me causou estranheza e uma boa dose de repulsa – misturada com uma certa pena do sujeito – ver o quanto ele simplesmente não olhava mais para o conteúdo que gerava, para seus clientes e seus consumidores, para as pessoas que trabalhavam com ele. Ele só tinha olhos para a grana. Falava de dinheiro sem dignidade e sem elegância. Quase como um bandido.

Não se tratava da grande visão financeira do negócio, que é uma lente bem-vinda – era uma visão rasteira, miúda, de como ganhar um trocado a mais aqui, de como economizar um cascalho em cima do trabalho de alguém ali, de como praticar um preço abusivo ou de estrangular um fornecedor acolá. Era triste de ver. Aquele sujeito tinha se tornado vil.

Talvez, para garantir a sobrevivência do seu negócio, ele tenha acreditado em algum momento ser preciso ignorar a essência do que sua empresa produzia, em nome de faturar. O que é uma enorme contradição. A entrada de receitas é a consequência de um propósito empresarial bem executado – não pode ser o propósito em si.

Parece ser uma sina dos donos, daqueles que são responsáveis pelos empregos de todos os demais, ficarem totalmente focados no caixa da empresa. Tudo começa com a preocupação de garantir a saúde do negócio. Depois, isso vira ganância. Vira usura. Aí o sujeito perde a capacidade de sonhar. De criar. De se desapegar um pouco da planilha para dar uma risada, para olhar no olho de alguém, para tecer um elogio.

Só que, sem acreditar em alguma coisa maior, que transcenda o fim do mês ou o resultado do trimestre, viramos cínicos. A empresa se torna uma coisa seca e dura. A vida fica insuportável. E a gente envelhece mil anos por dentro, até assumir a aparência interna de um Lorde Sith.

Meu amigo quer ficar rico

Lembra quando se alardeava que o Brasil iria viver, entre 2010 e 2020, uma década de ouro, em que iríamos dobrar ou triplicar nossa renda per capita e ingressar em definitivo no grupo dos países que estão mais perto do desenvolvimento econômico do que da ineficiência miserável? (Ahahahahahah!)

Bem, eu tenho um amigo que ficou alucinado com essa perspectiva, em meados da década passada. Ele tinha lido e ouvido sobre os investimentos que seriam realizados no país, sobre o tanto de dinheiro que iria entrar pelas nossas fronteiras, por conta da Copa do Mundo de 2014 e das Olimpíadas do Rio, em 2016. (Aahahahahah!)

Ele, preocupadíssimo em não perder o bonde da história, me olhava com o olho rútilo, com o lábio trêmulo, e dizia, babando no queixo: "Se eu não ficar rico agora, não fico nunca mais!"

Eu achava graça naquilo. E lhe disse que ele tinha que pensar a partir de uma perspectiva estrutural, e não conjuntural. Eu argumentava que a prosperidade é uma condição a ser cultivada no longo prazo, não é uma oportunidade de tiro curto.

Isso significa não se posicionar como um bandoleiro prestes a saquear o Oeste, mas, sim, como um agricultor que quer plantar o máximo possível de modo a estabelecer sua lavoura para os anos vindouros, fazendo chuva ou fazendo sol.

Isso significa não olhar para *fora*, com uma visada oportunista sobre o mercado, mas olhar para *dentro*, e desenvolver suas competências de modo sólido, de modo perene.

Disse a ele, enfim, que o caminho mais curto e certeiro para aproveitar os bons ventos, no momento em que eles acontecem, é se dedicar a fazer cada vez melhor, com mais qualidade e com mais consistência, aquilo que você faz bem.

Entrar na onda do momento é um atalho para o insucesso. Você só poderá cobrar mais, e ganhar mais, e acumular mais, se realizar a melhor entrega possível – naquilo que você souber realizar como ninguém.

Posso estar errado, mas é nesse tipo de atuação que acredito. Só existe um caminho: o do trabalho duro, diário, inteligente, consistente. Só isso constrói a reputação e os relacionamentos que vão lhe sustentar no mercado de trabalho, seja num emprego, seja na sua empresa.

VOCÊ É ESCRAVO DAS SUAS CONQUISTAS?

Moro em São Paulo há quase 20 anos. Nunca pensei em viver aqui. Eu tinha medo da cidade – que é, acredite, uma das mais acolhedoras e simpáticas do Brasil.

São Paulo é uma senhora de meia-idade, um bocado feia, com alguma grana, mal-ajambrada aqui e ali, e dona de um toque macio. São Paulo é também o único lugar verdadeiramente cosmopolita do país, por atuar *de fato* como metrópole e não apenas a partir do *desejo* de ser uma metrópole. São Paulo já é a cidade em que mais tempo morei. Virei paulistano.

Já vivi em várias cidades, inclusive fora do país. Já estive no cume do mundo moderno, feito de concreto, vidro e aço escovado. Mas me sinto em casa também no campo, na grota, no meio do mato, à beira de um açude. Sou um cara civilizado e urbano. Mas também um bom selvagem, um campesino.

Já cometi algumas extravagâncias gastronômicas sérias em Paris – mas também sou feliz com arroz, feijão e ovo frito. Não sou de todo inculto, mas continuo sendo um silvícola – como meu sobrenome deixa entrever. Uma caneca de café preto e um naco de pão sovado com manteiga barrada por cima me realizam plenamente.

Essa dualidade existe até hoje dentro de mim. De um lado, tenho orgulho das minhas conquistas. Acho que tenho o direito de pensar que cheguei longe, considerando o lugar de onde parti. Mas a verdade é que ainda sou um menino do interior que por vezes não se sente de verdade integrado ao funcionamento das coisas no topo da pirâmide. Ainda sou um garoto pobre que não está plenamente confortável com as benesses e as demandas da vida de homem branco adulto, instruído, pai de família de classe média alta.

A vida está cheia de vantagens que trazem desvantagens. De prerrogativas que trazem obrigações. Os êxitos pesam. Quanto mais você angaria na vida, mais sua vida se complica. Quanto mais você tem, mais você precisa correr para continuar tendo. Ter custa caro. E não é o custo da *aquisição* – mas o custo da *manutenção* – o que mais machuca. Voar alto significa mais consumo de combustível nas turbinas. Mergulhar mais fundo significa mais pressão sobre sua cabeça e seus pulmões.

Às vezes me pego sonhando com uma vida mais simples, que me permitisse navegar mais leve pelos dias. Um desejo de tranquilidade, de existir de modo menos afogueado. No fundo, estou mais para um sujeito simples do que para alguém sofisticado. O desperdício me incomoda mais do que a escassez. Convivo melhor com a contrição – onde enxergo uma oportunidade de comprovar caráter – do que com a ostentação, que desprezo.

A questão, para um cara que está no momento de vida em que me encontro, e que talvez seja parecido com o seu, é decidir se ainda é possível abrir mão de coisas adquiridas ao longo da vida – dos penduricalhos, das miçangas, dos paetês, dos espelhinhos – sem que isso represente retrocesso ou desconforto. Especialmente porque não decido mais por mim, apenas, mas por minha família também.

Até que ponto abrir mão do peso extra não implica ser irresponsável com aqueles que dependem de mim? Não há uma inevitável sensação de derrota, de desistência, de andar para trás, ao se desfazer de itens que você dedicou tantos anos a enfiar dentro da mochila?

Não sei se voltar é possível ou desejável. Talvez o possível seja caminhar para um novo lugar. Não sei se esse estilo de vida que construí e que toco hoje ainda me serve ou seguirá me servindo. Não sei se há uma terceira via entre o insuficiente e o supérfluo, entre o que é muito pouco e o peso extra que você não precisa carregar sobre os ombros vida afora. Não sei se haverá oportunidade de mudar – ou se *eu* precisarei criar essa oportunidade em minha vida.

O que sei é que às vezes desconfio de que vivo hoje numa frequência que não é bem aquela que me faria mais feliz. Como se eu não coubesse mais nela ou ela não tivesse mais a ver comigo. O que é uma constatação assustadora.

O que fazer quando você se dá conta de que foi você mesmo quem lhe colocou essas algemas de ouro que lhe escalavram os pulsos?

Você é do tamanho da sua interlocução

Profissionalmente, você tende a ter atribuída a si a mesma estatura das pessoas que se dispõem a falar com você. Diga-me com quem andas que te direi que tamanho tens, aos olhos dos demais. No escritório, você senta onde, perto de quem? Quem lhe convida para almoçar, quem lhe recebe para um café? Isso define o tipo de assunto para o qual você é chamado a opinar e aquelas discussões para as quais você nunca é lembrado.

No empreendimento, vale a mesma regra. Sua empresa tem o tamanho dos seus clientes. E das pessoas que lhe recebem dentro do cliente. Sua influência, sua proximidade das decisões estratégicas, ou então da linha de frente operacional, dependem diretamente do status dos profissionais que fazem a interface com você.

Às vezes vale a pena investir num relacionamento. Ainda que ele não lhe ofereça uma boa interlocução no presente. Você pode ajudar aquela pessoa a crescer. E, assim, crescer com ela. Mas nem sempre isso é verdade. Na maioria dos casos, aliás, a pessoa cresce e lhe deixa para trás. Afinal, você ficou marcado, para ela e para os outros, como um integrante daquele estágio de carreira que ela acabou de superar – sim, com a sua ajuda. Faz parte do rito de passagem dela, do ritual de crescimento dela, trocar de interlocutor. O que significa deixá-lo para trás. Ela avança. Você, não.

Isso não significa escolher os relacionamentos pelo que eles representam em termos de interlocução. Isso seria muito oportunista, impessoal e árido. (Bem, o mundo do trabalho pode ser bastante árido, impessoal e oportunista, mas *eu* não sou assim. E *você*?) No entanto, é preciso perceber que as coisas funcionam um bocado dessa forma. E que relações de trabalho não são necessariamente relações de amizade, simpatia, companheirismo e comunhão de valores. Quando isso acontece, é ótimo. Mas é raro acontecer dessa forma. E não é preciso que haja esse forro afetivo para que bons trabalhos sejam realizados.

De modo geral, no mundo profissional, o que une duas pessoas são interesses em comum. Que podem surgir e sumir com a velocidade de uma mudança súbita de estratégia de uma das partes. Então, se na vida entre amigos, escolher quem está perto da gente fazendo contas é uma atitude deplorável, venal, na vida profissional é preciso ter a consciência de que você tem e terá o tamanho da sua interlocução. E não há absolutamente nada a fazer a respeito disso, exceto ter clareza dessa regra básica para não alimentar ilusões fadadas à frustração.

Quando ignorar uma opinião desfavorável a seu respeito é a pior coisa que você pode fazer

Certa vez fiz um teste de aptidão profissional online. E ele revelou, para minha grande surpresa, compartilhada pelo entrevistador que acompanhava o processo, que eu não sou empreendedor e que não tenho agressividade comercial.

Isso me chocou, a princípio. Afinal, eu sempre fui reconhecido pelo empreendedorismo – mesmo quando ainda era funcionário. E há anos vivo de iniciativa própria, sem holerite nem patrão. Em adição, tive mais problemas ao longo da carreira por ser "agressivo", inclusive comercialmente, do que por uma suposta passividade. Minha primeira reação, portanto, foi a de considerar aquele teste tonto demais para ser levado a sério.

Eu esperava que ele revelasse outras coisas – talvez por isso tenha me disposto a fazê-lo. Pontos a trabalhar em áreas como relacionamento interpessoal, jeitos de lidar com o poder, capacidade de trabalhar em equipe, paciência, simpatia. Esses eram os campos onde eu imaginava que poderia pintar uma luz amarela. Mas ver apontada em mim como ponto fraco exatamente a capacidade de empreender e de vender (um produto, um serviço, uma solução, uma ideia), foi algo que me causou espanto e negação.

Eu poderia tranquilamente ignorar o teste. Como, de certo modo, fiz, aliás. Afinal, quem acredita em exercícios psicotécnicos? A maioria das pessoas seguiria por esse caminho – dar as costas àquele resultado incômodo e nunca mais pensar sobre o assunto.

Feliz ou infelizmente, tenho o costume de sempre dar o benefício da dúvida às críticas que recebo. O que nem sempre é saudável, diga-se. Às vezes, trata-se apenas de um gosto pelo autoflagelo. Ou então a exploração de uma espécie de curiosidade mórbida a meu próprio respeito – um jeito de me conhecer melhor pelo que dizem de ruim a meu respeito. Seja como for, acabei me perguntando, diante daquele veredito: *será?*

Afinal, o que é mesmo alguém "empreendedor"?

Um sujeito movido pela geração de novas ideias, pela criação de novos negócios, pelo risco de construir algo onde antes não havia nada?

Um sujeito que se recobre de coragem quando a maioria se retrai com medo, e que entende adversidade como desafio e crise como oportunidade?

Um sujeito que não quer paz – que busca sempre o desassossego de inovar, de romper com o velho, de questionar o que está estabelecido, e que se alimenta do sonho de estar escrevendo uma obra que lhe sucederá no tempo e que poderá ser admirada e da qual ele talvez consiga se orgulhar?

Um sujeito que empunha uma bandeira, que brande uma visão dissonante, que catalisa e lidera e seduz e conduz os outros à volta, à custa de suas próprias energias, a partir de uma causa, para um determinado caminho?

Puxa vida, será mesmo que sou tudo isso?

E "agressividade comercial", o que é?

Coragem para dar a cara a tapa, para vender algo a quem não está querendo comprar coisa alguma, correndo o risco de ser inconveniente com o discurso monotônico e às vezes um bocado messiânico a respeito da crença num determinado projeto?

Disposição para ouvir nãos – e meios sins – e seguir andando, a despeito de todo o desgaste emocional e da fricção nos relacionamentos causada por uma situação de compra e venda?

Um mensageiro, um arauto, um embaixador, um advogado de uma proposta nova nadando contra a grande inércia que sempre corre em fluxo contrário a quem está chegando e buscando se estabelecer com uma novidade? E não esmorecer com a água fria que bate em sua cara, e com a imensa correnteza que não para de lhe oferecer resistência e de lhe arrastar para trás, e a todas essas continuar acreditando?

Um catequizador que encontra estímulo em situações que a maioria das pessoas entenderia como um beco sem saída, como murro em ponta de faca? Um profeta, um apóstolo, um pregador que extrai combustível de momentos em que grande parte das pessoas enxergaria drenos de energia, como túmulos da boa vontade?

Puxa vida, será que eu tenho tudo isso?

Eu acho que o teste, afinal, não estava certo a meu respeito. O que não quer dizer que tenha errado totalmente.

A REGRA DE OURO DA INDISPENSABILIDADE

Quem sou eu para falar qualquer coisa a respeito de se dar bem no mundo do empreendimento? Nado nessas águas há uns anos, e o que mais aprendi até aqui é o tanto que ainda tenho a aprender sobre como manter a cabeça fora d'água.

Mas uma coisa posso dizer, com ar grave e voz empostada: só quem for indispensável sobreviverá.

Para subsistir no mercado, é preciso fazer muita falta aos outros. Tenha um produto ou serviço que possa ser preterido e ele será. Tenha uma oferta que possa ser recusada, ou uma expertise que possa ser ignorada, e ela será.

O gesto mais doído para qualquer ser humano é colocar a mão no bolso. O sujeito só o faz quando realmente não tem alternativa. O apelo que você oferece ao mercado em troca de dinheiro pode ser a utilidade prática. Pode ser mais conveniência. Pode ser custo menor. Pode ser mais agilidade. Pode ser glamour e status. Pode ser o escambau.

Seja qual for sua oferta, ela tem que ser irresistível. Enquanto as pessoas puderem *resistir* a lhe dar dinheiro em troca de alguma coisa – qualquer coisa – elas o farão. Então, ou você é um *category killer*, um cara que chega chegando, com uma força de sedução contra a qual não se pode lutar, ou você não terá nada na mão e seu negócio será natimorto.

A regra clássica do mercado de serviços é: o sujeito demora uma eternidade para dar a resposta para um orçamento que você passou e depois, quando dá sinal de vida, quer a entrega para ontem. E é assim porque as pessoas postergam ao máximo o "sim", tentam até o último segundo dizer "não". Somente quando não podem mais evitar a compra do seu serviço, quando não podem mais continuar vivendo sem contrair aquele custo é que dobram a perna e tascam um "OK" na proposta que você lhes fez.

Pense num eletricista. Você faz de tudo para não ter um dentro da sua casa. Somente quando você já lanhou as duas mãos com alicates e chaves de fenda, derrubou a força da casa duas vezes e quase morreu eletrocutado é que entrega os pontos e decide chamar um profissional. A contragosto. Pense num médico. Num advogado. Num despachante. A maioria das pessoas só paga a outrem quando seguir sozinha já não é uma opção. É assim que funciona.

Eis o meu ponto, para quem quer ter um negócio: seja necessário, essencial, fundamental, sine qua non. Se o sujeito puder deixar de tirar dinheiro da própria carteira para colocar dentro da sua, ele o fará.

Clientes são pessoas sem as quais você não vive. Ao mesmo tempo, são pessoas que adorariam viver sem você – só que não podem. O dia que conseguirem, irão embora. Pense nisso.

É PRECISO TER UMA BÚSSOLA. PARA SE MANTER NA ROTA – E TAMBÉM PARA ALTERAR O PLANO DE VOO COM UM MÍNIMO DE LUCIDEZ

É fundamental ter uma agenda. Estabelecer metas. Ter clareza de onde você está e de aonde quer chegar.

É fundamental planejar bem como você sairá do lugar onde se encontra hoje e o que fará para chegar àquele lugar que almeja. É preciso definir um norte antes de se atirar à caminhada. Construir uma estratégia e operar por ela. Isso significa ter uma visão. Para a carreira. Para a vida. E de si mesmo – significa saber quem você é e quem você deseja se tornar.

É claro que é preciso adaptar a agenda, absorver os solavancos da vida, transformá-los em aprendizagem. Caminhos são sempre hipóteses, que precisam ser testadas. E boa parte da estrada se mostra, ou é construída, na medida em que a palmilhamos.

Mas é fundamental ter uma bússola – mesmo, e principalmente, para podermos nos desviar da rota, quando necessário, com um mínimo de lucidez. É preciso ter uma bússola para podermos inventar uma nova rota, totalmente distinta daquela orginalmente imaginada, quando isso se impuser.

Sem uma agenda nítida, o risco de caminharmos a esmo, ou em círculos, e de nos perdermos no mato, longe de nós mesmos, é grande. Assim como é grande o risco de chegarmos a um lugar que não nos interessa. Não se trata de escrever um roteiro na pedra e não se desviar dele por nada. Mas não é possível caminhar de modo randômico e aleatório. A menos que você acredite em destino. A menos que você decida deixar tudo nas mãos da divina providência. (Mesmo que ela exista, tenha a certeza de que as linhas estarão congestionadas e de que o tempo de espera para o atendimento será longo.)

Então é preciso desenhar uma agenda para si mesmo e colocá-la no bolso de todos os casacos que você vestir. No dia a dia, esse planejamento ajuda a administrar os chamados e a priorizar seus investimentos de tempo e energia. Ajuda inclusive a dizer "não" com mais tranquilidade, e assertividade, recusando atalhos que lhe arrastem para longe. Sem uma agenda, o fluxo de demandas, que é sempre enorme, lhe esmagará, lhe roubará o foco, lhe afastará daquilo que você deveria estar fazendo.

Uma carreira, e a própria vida, é feita de ciclos. Então você está sempre metido em uma determinada fase da sua trajetória. E seus recursos para atingir os objetivos a que você se propõe em cada ciclo serão sempre limitados. Por isso é fundamental ter clareza sobre o que você quer construir – para não desperdiçar tijolo, argamassa e pregos com nada que não seja o seu objetivo.

A ampulheta não para de derramar areia. Você só tem esse estoque de grãos, não é possível aumentá-lo. Quando a areia terminar, o tempo que você tinha para realizar terá acabado. Você terá acabado. Quem construiu, construiu. Quem deixou de fazer, não terá mais como fazê-lo.

Não fique parado

Nunca aquela história de pensar grande e começar pequeno foi tão verdadeira.

Não fique parado. Quem está no empreendimento precisa se mexer. Não se deixe paralisar pelo medo. Nem pela grandiosidade do negócio que está em sua cabeça. Comece hoje. Comece com o que tem, fazendo o que pode, com o tamanho que tiver. Mas comece. Para chegar aonde você sonha, é preciso dar o primeiro passo. Quanto antes você começar, melhor.

E mova-se rápido. *Move fast*, na expressão de Mark Zuckerberg, o fundador do Facebook. É importante pensar e planejar – mas é fundamental agir também. Saia do imobilismo. É andando que se aprende a andar. É caindo que se aprende a ficar de pé. Avante.

Os meios de produção nunca estiveram tão disponíveis. As barreiras de entrada, para quase todo negócio, nunca foram tão baixas. Não há desculpas para não tentar. Faça seu plano de negócios, fatie-o em etapas, e avance por ele modularmente. Um dia de cada vez. Um degrau depois do outro.

Não deu certo? Saia, retroceda com a mesma celeridade. A regra de se mover rápido vale para ambos os sentidos. *Fail fast* – fracasse rapidamente, outro mantra da nova economia.

Para se reerguer e seguir adiante. Sem vergonha de aprender com o tombo. Como ouvi do CEO de um negócio criativo: nenhum plano de negócios, por melhor que seja, resiste à primeira reunião de vendas com o primeiro cliente.

Outro conceito poderoso dos negócios pós-industriais, que aprendi com uma boa amiga: opere numa escala suficientemente pequena para poder errar, voltar, refazer e lançar de novo, melhor, depurado. É fundamental estar sempre aberto a testar e a adaptar – o que implica estar disposto a não parar de se desenvolver nunca.

Estar começando significa ser pequeno o suficiente para operar desse modo, errando e indo adiante, sem desmoronar, superando o tombo, sobrevivendo a ele, aprendendo com ele, saindo dele fortalecido. Lance mão disso. Antes de *crescer*, busque *aprender*. Antes de se tornar *maior*, tente se tornar *mais esperto*. Essa é a vantagem competitiva de quem está dando os primeiros passos. Que bom se a gente nunca a perdesse...

Não se deixe paralisar

Há anos duros. Períodos difíceis. Trimestres imprevisíveis que se estendem por semestres apavorantes. Em que a economia parece parar. Em que ninguém compra e ninguém investe. O telefone não toca, o dinheiro não gira, ninguém fecha negócios. A grana começa a rarear no seu caixa e seu equilíbrio financeiro entra em modo de alerta.

Há momentos na vida de uma empresa em que as notícias ruins não param de chegar. Em que todo mundo parece estar operando contra. Em que o fardo do empreendimento, que você carrega nos ombros, fica realmente pesado.

Em meio a tudo isso, é preciso se manter em movimento. Não pare. Tenha ideias, invente, repense, escreva e apresente projetos, visite clientes e *prospects*, proponha melhorias, investimentos, mire no crescimento. Tanto o seu quanto o do seu negócio. Crie saídas.

Em momentos de marasmo, a pior coisa que pode acontecer é você se deixar paralisar. Está difícil? Trabalhe mais. Trabalhe melhor. O que não dá para fazer é parar o carro. Porque o risco do motor esfriar, da bateria engasgar e de você não conseguir dar a partida de novo é grande. Ninguém completa uma corrida indo para o acostamento.

No meu caso, ao menos, funciona assim. Eu *preciso* reagir. Isso me faz sentir melhor. Isso reduz a ansiedade. Sou de encarar o problema, agarrá-lo pelo colarinho. O que me mata é olhar o monstro sem agir, com as mãos no bolso.

Prefiro mil vezes me engalfinhar com o ogro e morrer do que viver com medo dele, observando-o a distância, de esgueira. O pior para mim é sempre a inação. Por isso, jogo aqui um níquel de conselho para você: *aja*.

Alguém aí me ensina a descansar sem culpa?

Adoro aquele slogan que diz *Hard work, hard fun*. Ou seja: Trabalhe duro e se divirta muito.

Tudo bem ser apolíneo e ser espartano, desde que você também saiba se atirar sem culpa nos braços de Adônis, como um hedonista, assim que o expediente termina. É preciso aprender a pôr uma vírgula no trabalho e deixar cair a caneta para levantar a caneca.

Falo por mim. Essa é uma dificuldade pessoal: sempre sinto certa dose de culpa por estar me divertindo. Sempre acho que devia estar produzindo, que podia ralar um pouquinho mais.

Não é um sentimento de dívida em relação ao chefe ou ao patrão. Até porque já faz um tempo que não tenho nem um nem outro e continuo, volta e meia, com a mesma sensação. Também não é um sentimento de dívida para baixo na hierarquia, em relação ao time de colaboradores que labuta ao meu lado.

É, talvez, um sentimento de dívida comigo mesmo. Como se eu tivesse que cumprir uma meta hercúlea que eu mesmo me imponho – e que não me dá trégua nunca, e que fica sempre lááááá em cima. Uma meta que não me permite jamais descansar mais do que 10 minutos sem me cutucar:

"Ei, produz mais, levanta daí, você já está há meia hora sem ganhar um real, sem escrever uma linha, sem fazer nenhum contato comercial, sem inventar nada."

O fato de ter o próprio negócio pode ser uma ferramenta libertadora na gestão do próprio tempo. A menos, é claro, que você seja o pior algoz que você mesmo poderia ter. Aí o fato de a sua agenda pertencer apenas a você mesmo deixa de ser uma bênção para virar uma maldição. Porque isso lhe deixa na mão do mais duro chefe ou patrão com que poderia contar – você mesmo.

O QUE É A VITÓRIA E DE ONDE ELA VEM?

O mundo dos negócios nasceu se espelhando na hierarquia militar – que é uma lógica que obsolesceu bastante na teoria e, infelizmente, nem tanto na prática. Os esportes, especialmente os coletivos, têm, hoje, muito mais potencial do que a caserna para nos inspirar a construir times vencedores no escritório.

O futebol, por exemplo, é um palco com todos os ingredientes que compõem o empreendimento ou a vida executiva – trata-se de uma arena competitiva, marcada por embates contra adversários em jogos de soma zero (em que para um ganhar, outro tem que perder), com acirrada competição entre os integrantes do próprio time, sob pressão constante, diante de uma audiência sedenta de sangue.

Trata-se de um ambiente caracterizado por expectativas altas (suas e dos outros), pela necessidade de harmonizar a técnica individual e a organização tática, e de casar objetivos pessoais com espírito coletivo. Num dia, é preciso ser solidário; noutro, será preciso chamar à responsabilidade e resolver sozinho. Num dia será preciso saber cobrar; noutro, será a vez de aprender a absorver as cobranças e acatar as críticas.

Uma das coisas que mais me encantam no mundo do futebol é a formação de equipes vencedoras. Por que alguns times, cheios de craques, soçobram? Por que outros, campeões insuspeitos no papel, ganham tudo? Por que alguns jogadores dão muito certo num clube e naufragam no outro? Por que equipes que caem para a Série B com frequência voltam de lá fortalecidas? Como explicar a mudança de trajetória de alguns clubes que conseguem reverter, nas últimas rodadas, índices de 99% de chance de serem rebaixados? Como explicar as arrancadas para o título de times que tinham feito campanhas medianas ao longo do campeonato? De onde vêm essas performances? Por que elas não apareceram antes, se os jogadores e o técnico são os mesmos? Por que um cara que é um monstro, em uma temporada, vira uma besta na outra?

Achar respostas para esses e outros mistérios do mundo do esporte pode nos ajudar a compreender como nasce a vitória – e como construí-la. Há pelo menos um fio condutor amarrando experiências vitoriosas, um conceito que pode nos servir barbaramente na vida corporativa: a vontade de vencer. *Hay que tener ganas.* Sem isso, pode haver tudo, que você não terá nada. Sem a fissura de ganhar, você pode ter os melhores jogadores que não será campeão. Daí a importância de ter *vencedores* no time – mais até do que *craques*.

E vencedores são gente, acima de tudo, com um profundo desejo de vitória. Gente com atitude, com trincar de dentes, com disposição para correr mais que os outros, para dar mais de si que os demais, para se entregar em nome das conquistas. Gente que, na mesma medida, não suporta perder. Isso é um vencedor. Não se trata, necessariamente, de um craque. Na mesma medida em que nem todo craque vem equipado com *ganas*.

Há quem diga que é preciso renovar o grupo depois de uma conquista, para ter sempre no plantel gente que ainda não ganhou, porque é daí que vem o brilho do olho. Discordo em parte. Você pode ter um grupo acostumado a ganhar – desde que ele deseje ardentemente *continuar* ganhando. O brilho no olho não necessariamente se apaga com as vitórias – as vitórias podem torná-lo ainda mais vivo. Às vezes quem ganhou muito, de fato, esmorece. Mas essa não precisa ser a regra.

É possível que, exatamente pelos títulos conquistados, pela reputação adquirida, pelo hábito do êxito, o sujeito desenvolva ojeriza a perder. É quando ele se mantém fresco, jovem, interessado, aceso – vencedor. É quando o sujeito se recusa a virar um gato gordo, acomodado com o que já realizou, com o dinheiro que acumulou, com a adulação de quem o cerca.

Também é possível montar um time vencedor com gente que nunca ganhou nada – e que tem secura de vencer. Às vezes a energia para ganhar tudo surge exatamente do fastio, dessa fome santa. (Da mesma forma, um grupo com essas características pode descambar para o derrotismo, para a baixa autoestima, para a desistência prévia, para o complexo de eterno perdedor.)

Não é a experiência ou a ausência dela, ou o que você ganhou ou perdeu no passado, que vai definir as suas condições no presente e no futuro. Os pré-requisitos da vitória são outros: obsessão com os quatro pontos, sede de fazer, de acontecer, de se provar, de conquistar. Bem como a profunda indignação consigo mesmo quando a vitória não vem – recusando o abatimento e o movimento de pôr a culpa nos outros.

O pensamento vitorioso e o comportamento vitorioso não dependem do técnico nem da diretoria nem da torcida nem da imprensa. Eles passam por um acordo entre os jogadores. E, sobretudo, do sujeito consigo mesmo. Têm a ver com a sua visão de mundo e com o modo como se enxerga.

Têm a ver com se desafiar, com buscar o desenvolvimento do seu potencial, ao invés de achar uma zona de conforto para se encostar no meio do caminho. Têm a ver com não cultivar o medo nem a insegurança como conselheiros íntimos. Têm a ver com se manter motivado, com disposição para dar suor e sangue – e para comer a grama do campo com mais apetite do que o adversário, se preciso for.

O jogo, num estádio de futebol ou num escritório refrigerado, à frente da sua *startup* ou num emprego novo, ocorre tanto dentro da sua cabeça e do seu peito quanto do lado de fora. E a vitória, de modo geral, premia quem tiver mais afinco. Então, para vencer é preciso investir. Ralar. Estar disposto a andar mais a pé, sob o sol abrasador, do que os demais.

A vitória é caprichosa. Exige sacrifícios. É preciso mostrar a ela, de modo inequívoco, o quanto você quer que ela aconteça de verdade em sua vida.

A vitória nunca vem fácil. E ela não vem por acaso nem por engano. Quando alguma coisa dá certo desse jeito, meio sem querer e sem esforço, trata-se de sorte, de feliz coincidência, de rabo – não se trata de vitória.

A vitória não pode ser dada nem emprestada. É uma conquista pessoal, intransferível. Então, não tem jeito. A vitória depende de você, exclusivamente.

Não dá para ficar sentado, esperando por ela. Nem ficar de longe, torcendo para ela acontecer. A vitória não acontece só porque somos legais, bonitinhos e tomamos banho todo dia. Bacana e merecedor, todo mundo é. Vitoriosos, nem todos somos. Vitória é uma questão de atitude e denodo. Não advém de um direito de linhagem nem de uma escolha divina.

Para vencer é preciso dar a cara a tapa. É preciso botar o seu na reta. Só vence quem encara o risco de perder. Só está pronto para ascender quem está preparado para cair. Espírito de samurai é fundamental. Só vive bem quem acorda toda manhã sabendo que aquele pode ser seu último dia de vida. Ou de trabalho.

Só vence quem fita a adversidade nos olhos. E não se apequena. E parte para cima. Sem esperar que as coisas caiam do céu. Porque elas não caem. Especialmente na vida profissional. É preciso plantar para colher. É preciso acreditar. O resto é covardia. E covardes não são vitoriosos.

O CÉU É O LIMITE

Há um detalhe da vida de empreendedor que eu não sabia. E não sabia porque é algo que não se diz à larga por aí. E que é importante considerar na hora de pensar em investir num negócio próprio.

Estou falando das possibilidades infinitas de quem tem um negócio. Para entrar nesse mundo, que é na verdade um universo, você só precisa ter uma empresa própria. Operar com um CNPJ e não apenas com um CPF. Estar livre para se conectar às oportunidades que forem surgindo, saindo ou permanecendo nas empreitadas anteriores na hora em que essa ou aquela decisão se impuser.

Quem tem um emprego tem um bocado de coisas. Sobretudo, a sensação de estabilidade, de que há uma zona de conforto, de que as coisas estão de alguma forma garantidas. (Elas não estão. Mas essa é uma ilusão gostosa de se ter e de se nutrir. Torna o cotidiano de qualquer um mais leve. E talvez, no final, essa quimera seja a única coisa realmente bacana que uma grande corporação tem a nos oferecer – a impressão de que tem alguém cuidando da gente. No empreendimento, a gente enxerga de forma mais clara e dura que não tem ninguém olhando por nós.)

Mas divago. Meu ponto é que é preciso sair da zona do emprego para viver o mundo das possibilidades infinitas de crescimento e realização do empreendedorismo. Só quem não tem garantias pode viver com toda a intensidade esse descortínio sobre a própria carreira, sobre a própria renda, sobre o próprio dia a dia profissional.

O empreendimento é um mundo para quem abdica da estabilidade, da zona de conforto, da sensação (verdadeira ou falsa) de segurança. Mas há um preço psicológico a pagar: só pode ter tudo quem está disposto a correr o risco de não ter nada. Não é para qualquer um. É preciso ter estômago.

Muitas vezes me pergunto se isso é para mim. (A boa notícia, o que aprendi nesses anos vivendo por conta própria, é que é possível *criar* esse estômago, é possível aprendê-lo – você não precisa nascer com ele; ele não é uma característica *nata*.)

Esses dias almocei com um ex-colega que está nadando há mais tempo do que eu no torvelinho do empreendimento. E nos demos conta do quanto tudo isso é verdade. Tanto ele quanto eu nos confrontamos quase semanalmente com propostas de compra, venda, associação, joint-venture, parceria, expansão, novos produtos, novos serviços. As oportunidades surgem numa velocidade e num volume muito maiores do que quando éramos executivos à frente de negócios muitíssimos maiores do que aqueles que tocamos hoje.

Parece que o mundo se abre para quem se abre a ele. Ou que é preciso se deslocar e pedir a bola para começar a receber os melhores lançamentos. Ou que é preciso criar a frequência certa no seu dial para passar a receber determinadas transmissões. É óbvio. Mas a gente, em geral, não se dá conta.

5
APRENDENDO COM WALT, ALFRED & STEVE

Nunca ninguém acreditou tanto em si mesmo

Li a ótima e robusta biografia de Walt Disney, escrita por Neal Gabler – mais de 700 páginas, diagramadas para absorverem, cada uma delas, uma cacetada de texto.

Duas passagens me chamaram a atenção logo no começo da carreira de Disney, quando ele era pouco mais do que um menino, na virada da década de 10 para a década de 20 do século passado.

A primeira: o pai de Disney, que nunca deu realmente certo em suas tentativas de negócio, comprou umas ações de uma fábrica de gelatinas que estava indo bem e conseguiu um emprego para o jovem Walter por lá. Os Estados Unidos ainda não eram a potência econômica em que viriam a se consolidar no segundo pós-guerra, os tempos eram duros para a família Disney e aquele emprego em uma fábrica era uma tacada segura e promissora para Walt. Só que Walt era um artista. Só queria saber de desenhar.

Então ele recusou o emprego seguro, conseguido a duras penas por seu pai, em nome de uma aventura absolutamente arriscada – ganhar a vida como cartunista. (Se isso soa como uma opção insegura de carreira hoje, daquelas que deixam os pais de cabelo em pé, imagine há 100 anos...) Walt bateu pé, enfrentou seu pai e foi correr atrás do que era seu.

Ou de si mesmo. Em tempo: a fábrica faliu em seguida – e o pai de Disney perdeu o dinheiro que investira ali.

A segunda passagem: Walt abriu seu primeiro estúdio e o fechou meses depois. Foi ser empregado. Trabalhando nesse estúdio maior, descobriu a animação. Apaixonou-se por aquela arte e se dedicou a estudá-la obsessivamente. Não havia muitas referências – só um livro tinha sido publicado nos Estados Unidos sobre a técnica de animação até aquele momento. Era um mundo novo que estava surgindo ali, junto com o próprio cinema. Um risco. O bafo gelado e escuro do desconhecido soprando na sua cara. Mas Disney olhava, olhava e só enxergava oportunidade.

Mergulhou atrás da sua visão – que, é claro, poderia ser apenas uma miragem. Abriu um estúdio e faliu em seguida: as receitas não acompanhavam seus sonhos, seu ritmo, sua ambição – e os custos que advinham disso tudo. Antes de falir, chegou a passar fome enquanto trabalhava. Foi visto revirando latas de lixo atrás de comida. A equipe foi embora, ele ficou sozinho, trabalhando na garagem da casa de um tio, onde vivia de favor, até completar seu primeiro filme – uma animação sobre *Alice no País das Maravilhas*, livro de Lewis Carroll. (Ele revisitaria a história décadas mais tarde, em um filme que se tornaria um dos clássicos da Disney.)

Há lições preciosas nessas duas passagens: obstinação, persistência, resiliência, perseverança. Coragem para se conhecer e se admitir e se aceitar e não abrir mão de ser quem ele era. Coragem para recusar as demais expectativas – inclusive paternas e familiares – que porventura existissem a seu respeito e que fossem dissonantes em relação àquilo que ele realmente queria ser. A importância de não ter se deixado abater pelos negócios frustrados – e de ter tido a humildade de voltar a ser empregado por um período. (Não fosse por isso talvez ele não tivesse tido o mesmo acesso que teve ao incipiente mundo da animação.) Total ausência de autocomiseração – Disney nunca desistiu, nunca deixou de acreditar (em si mesmo, sobretudo) e nunca sentou à beira da estrada para chorar, lambendo as feridas, morrendo de pena de si mesmo. Nem mesmo quando precisou se alimentar de restos para sobreviver.

Em determinado momento, e por um longo período, era ele contra o mundo, como acontece com quase todo mundo que está começando alguma coisa. E ele topou a parada. Não baixou a cabeça nem retrocedeu. Seguiu caminhando. E foi só por isso, e por isso tudo, que ele venceu e virou um dos maiores criadores – inclusive de negócios – da história.

Já na aurora de sua carreira, dá para identificar algumas características que perfazem o grande empreendedor. Dá para enxergar ali, no jovem Walt, as características básicas de um cara que, mais cedo ou mais tarde, vai dar certo no mundo dos negócios.

DETERMINAÇÃO/FOCO

Walt era focado nos seus sonhos, naquilo que desejava realizar. Não perdia tempo olhando para o lado. Nem se permitia ficar ao léu, perdido. Ele tinha clareza de onde estava e de onde queria chegar. E era raçudo, casca-grossa mesmo, ao dar os passos necessários, nem sempre fáceis, para vencer os caminhos e superar os obstáculos que o separavam dos seus objetivos.

CONFIANÇA/OTIMISMO

Pessoas próximas a Walt diziam que ele tinha uma autoconfiança "sobrenatural". Uma capacidade "anormal" de continuar acreditando – no seu sonho, na sua capacidade de realizá-lo – independentemente das circunstâncias e das opiniões alheias.

Eis o ponto: se você não conseguir convencer a si mesmo de que seu produto é bom, se você não acreditar que o seu negócio tem futuro, não conseguirá fazer ninguém acreditar – nem clientes, nem fornecedores, nem investidores. Você só vai convencer os outros se estiver convencido, se seu olho brilhar intensamente, mesmo no escuro.

PAIXÃO *VERSUS* RISCO

O empreendedor precisa, antes que tudo, de paixão. Precisa sentir uma atração quase sexual por sua empresa, por seu negócio, por seu produto ou serviço. Precisa acreditar que o melhor lugar do mundo é estar com seus clientes, seus funcionários, tocando seu projeto em frente – realizando a visão que teve lá atrás. Independentemente dos humores com que a realidade tentar lhe envolver.

A paixão é o grande combustível do empreendedor. Só se atira ao risco quem está apaixonado por uma ideia. Quando a paixão acaba, acaba a energia para empreender.

DIVERSÃO *VERSUS* GRANA

Empreender significa se divertir também. Tem que ser assim. A aventura empresarial tem um lado lúdico – que também funciona como combustível para suportar as agruras da jornada. É preciso dar risada. Tem que ser gostoso. Essa é uma alegria interna que o empreendedor tem que ter – e que ele tem que resguardar de tudo e de todos. Inclusive como uma reserva de oxigênio para respirar nos momentos duros.

Se sua ansiedade em empreender reside todinha na ânsia de ganhar dinheiro, pense bem se o empreendimento é o caminho para você. Passar fome ao lado do sócio e achar bonito não ter o que comer é uma situação comum a vários empreendedores, no início de suas caminhadas. Gente que deu muito certo – e em quem ninguém acreditava, a não ser eles mesmos – e que estava pronta para enfrentar o que viesse, sem deixar de achar graça nas coisas.

CARISMA/SIMPATIA

Essa é uma característica presente em boa parte dos empreendedores. Conta-se que Walt tinha um sorriso contagiante, que não lhe saía do rosto. Era um campo de magnetismo, uma força natural de convencimento, um convite a que gostassem dele, a que acreditassem nele e nos seus planos e projetos, a que o acolhessem. Deu certo.

FAÇA O SEU MELHOR, ACREDITE SEMPRE EM SI MESMO E SEJA FELIZ

A ótima biografia de Steve Jobs, escrita por Walter Isaacson, é um livro revelador. Jobs, numa derradeira demonstração da sua sanha controladora, escolheu Isaacson, cujo trabalho ele admirava, para que escrevesse a história da sua vida, que estava por acabar.

Jobs garantiu, segundo o próprio Isaacson relata, total liberdade ao biógrafo. Para que escrevesse o que quisesse a seu respeito e para que entrevistasse inclusive seus desafetos. Jobs não revisou o texto. E abriu a Isaacson, e somente a ele, várias informações inéditas e documentos para a confecção do livro. A única participação direta de Jobs na obra de Isaacson foi a edição de imagens do livro, a partir de fotos da sua coleção particular.

O personagem que o livro nos apresenta é um tipo inesquecível. Travamos contato com um Steve Jobs cheio de desvãos, de manias, de idiossincrasias, de contradições – um sujeito cuja genialidade nascia da clareza límpida da visão, do tino e do faro quase sobrenaturais que tinha para antecipar desejos e tendências, e da firmeza de convicção que lhe permitia manter o foco em meio ao vendaval.

Isaacson conta bem uma boa história. E o faz com sensibilidade suficiente para derramar ao longo das mais de 600 páginas do calhamaço – que você lê num tapa, querendo mais – um monte de lições de vida e de negócios. Dois pontos, entre vários, me chamaram muito a atenção no legado de Steve Jobs retratado no livro.

O primeiro: a sua obsessão com o produto. Era assim que ele agradava a milhões – agradando, antes que tudo, a si mesmo. Seu perfeccionismo, expresso em detalhes como exigir beleza na disposição de elementos em áreas internas do computador que jamais seriam vistas pelos consumidores finais (até porque Jobs lacrava suas máquinas com parafusos especiais para que só pudessem ser abertas em assistências técnicas autorizadas), era o motor da Apple.

Ele dava uma banana para pesquisas de opinião, enlouquecia engenheiros e designers, desdenhava da concorrência e não arredava pé da sua briga consigo mesmo, e com a sua empresa, e com os seus fornecedores, e com o resto do mundo, se preciso fosse, para fazer o melhor produto possível. Mesmo que ele fosse *impossível*. "Bom o suficiente" para ele era o equivalente a ser uma "merda". Seus produtos tinham que ser excepcionais, tinham que oferecer uma experiência espetacular aos usuários.

Num mundo em que os produtores de conteúdo querem gastar cada vez menos com a produção de conteúdo, em que os restaurantes estão cada vez mais focados em oferecer uma comida apenas "boa o suficiente", em que as operadoras de telefonia vendem planos que já sabem que não conseguirão entregar; num mundo, enfim, em que as empresas são geridas cada vez mais por financistas interessados no lucro trimestral e não na construção de marca, reputação, fidelidade e encantamento dos consumidores para o longo prazo, Steve Jobs faz muita, mas muita falta.

Praticamente todas as vezes que ele errou na carreira foi por oferecer produtos melhores do que aquilo que o mercado estava pronto para absorver naquele momento. Nunca por tentar vender o padrão mínimo aceitável – ou coisa abaixo dele – para rentabilizar o negócio no curto prazo. Eis uma lição fundamental de Jobs: a obsessão por fazer bem-feito, por fazer o melhor possível, por fazer de um jeito que ninguém fez antes. O mundo e o mercado precisam muito, desesperadamente, de mais gente pensando – e agindo – assim. Quem souber seguir por esse caminho será premiado.

A segunda lição da trajetória de Steve Jobs: a confiança férrea em si mesmo. Ele tinha uma autoestima inabalável. Mesmo quando tudo e todos gritavam em seu ouvido – "Você está errado!" –, ele preferia acreditar no próprio taco e seguir sua intuição. É um cara, parafraseando o que ele mesmo disse em seu famoso discurso como paraninfo de uma turma de graduandos em Stanford, que viveu sempre pelas próprias ideias, e não pelas ideias dos outros.

Tantas vezes desistimos dos embates por falta de energia para lutar pelo que acreditamos. Tantas vezes deixamos de acreditar em nós mesmos e em nossas crenças. Aqui também, nesse campo, da resistência ao mundo que age para nos enquadrar de acordo com interesses que não são os nossos, Steve Jobs deixou um ensinamento importante para quem quiser aprender.

Esse discurso de Jobs em Stanford é provavelmente um dos mais inspirados de todos os tempos. O brilho de Steve Jobs está espelhado nessa fala. O modo como ele conta ali a própria história é uma metáfora da própria história que ele construiu. Trata-se de um texto sucinto, poderoso, escorreito, cristalino – um exemplo do modo Steve Jobs de pensar e de realizar.

Jobs também sabia deixar muito claro, de forma agressiva, quando não gostava de alguém ou de alguma coisa. Duas frases que ele usava muito: *You don't know what you're talking about!* E *You don't know what you're doing!* (Algo como "Você não sabe do que está falando!" e "Você não sabe o que está fazendo!")

Ele não fazia concessões na trilha de entregar experiências ímpares aos clientes. Esse era um ponto inegociável, do qual ele não tirava os olhos. Não aceitava distrações – nem mesmo com detalhes como tratar bem as pessoas ou ser um pai presente (ele renegou uma filha por anos) ou um cidadão bacana (ele costumava estacionar o carro em vagas para deficientes).

Esse foco de Jobs é, ao mesmo tempo, uma das maiores omissões em massa da história dos negócios – grande parte das empresas, nos dias que correm, olha para o bolso e para a Bolsa e descuida de continuar entregando ao mercado produtos e serviços capazes de surpreender e de encantar consumidores.

De modo geral, as corporações dão de barato que os clientes estarão sempre ali. E que continuarão fiéis mesmo com essa infidelidade, ou deslealdade, ou negligência do lado das empresas. Dão de barato que podem virar de costas ao mercado e aos clientes, que continuarão tendo faturamento e sendo marcas relevantes. Não terão. Não serão. Correm o risco de pagar com a vida por esse pecado.

Diante de tanta gente se dedicando exclusivamente a ordenhar a vaca leiteira e a esfolar o gato, tenho a sensação de que Jobs, se pudesse, gritaria do fundo da sala: *You don't know what you're talking about! You don't know what you're doing!* Pense no ambiente de negócios brasileiro nesses dias que correm. Ninguém está investindo, reinvestindo, regando, nutrindo, apostando, caprichando, fazendo com esmero.

O mundo vai acabar amanhã? Não. Exceto, talvez, para quem seguir com essas estratégias de curto prazo. (Tudo isso, é claro, representa grande oportunidade para caras espertos como você entrarem no mercado e fazerem melhor, do jeito certo.)

Jobs gostava de sublinhar seu desagrado com profissionais cujo desempenho ele considerava pífio. Fossem os seus próprios funcionários ou os da concorrência. Jobs tinha grande impaciência com gente que olhava e não conseguia enxergar, com quem se movia devagar ou simplesmente não saía do lugar, gente que falava sem acrescentar coisa alguma, e que andava em círculos – ou para trás – sem avançar, perdendo seu tempo e os recursos da empresa em projetos burros e inúteis.

Você conhece pessoas assim? Quantas delas sentam do seu lado, dividem com você o seu escritório e o seu dia a dia? Quantos desses perfis trabalham para você hoje? Quantos já foram, ou são, seus *chefes* ou *sócios*? Quantas vezes você já topou com um perfil assim diante do espelho?

Fica claro o que Jobs detestava: gente sem brilho, sem explosão, sem criatividade, sem visão. Gente que está apenas nadando com o resto do cardume, seguindo a manada, de cabeça baixa, rabo entre as pernas, de ouvidos deliberadamente fechados e olhos voluntariamente vendados. Jobs desgostava de pessoas assim especialmente quando ocupavam posições estratégicas ou de liderança, na sua empresa ou em qualquer outra organização. Ele se referia a esse tipo de profissional de modo bem enxuto – "Idiota!"

E o que Jobs mais valorizava? Pessoas que sabem o que estão fazendo, que sabem o que estão dizendo, que entendem aquilo que deveriam entender, que mantêm sob controle os processos que lideram, que estão uma curva à frente, que agem antes, que enxergam mais longe que os outros, que fazem melhor, do jeito certo. (Todo apupo é o avesso de um elogio.)

O livro de Isaacson nos dá um Steve Jobs duro, espinhudo e afiado. Mas que também apreciava ser desafiado com substância, com lógica, com brilho. Respeitava as pessoas que lhe contestavam, com propriedade, em momentos apropriados. E marcava um xis na testa dos *yesmen*, dos puxa-sacos, de quem tinha medo dele. Jobs só baixava a guarda, às vezes, para quem mantinha a guarda alta diante dele. Só respeitava quem se fazia respeitar. Uma última lição de Jobs – importantíssima!

Você já respondeu a pergunta que Steve Jobs lhe fez?

A Era Jobs acabou em 2011.

Temos uma sorte enorme de termos vivido uma parte de nossas vidas dentro dela. Especialmente, se soubermos absorver o seu legado.

Mesmo quem não sabe quem foi Jobs – ou o que é a Apple ou a Pixar – teve sua vida alterada para melhor por ele e por tudo que ele criou. O que é desde já uma das provas inequívocas da sua grandeza.

Você não precisa ter um Macintosh ou um iPhone ou um iPad para viver num mundo completamente revolucionado por essas tecnologias, pelo impacto que elas tiveram no design e na usabilidade desse e de outros tipos de máquina.

Steve Jobs alterou a vida ao redor dele. Inventou o computador como nós o conhecemos hoje. E o reinventou algumas vezes depois. Reinventou o celular. Reinventou o modo como ouvimos música e ofereceu uma visão de futuro que a indústria fonográfica, se fosse menos arrogante, teria abraçado. Ele inventou os tablets. E os desktops. E os notebooks.

O legado de Jobs é imenso. Um bom critério para pregar em alguém a alcunha de "gênio" sem medo de errar é analisar o quanto o sujeito alterou o mundo ao seu redor, o tanto de paradigmas antigos ele soterrou e o tanto de novos jeitos de fazer ele criou. Os gênios dividem o tempo em antes e depois de si, com a sua presença e a sua obra. É isso que distingue um cara brilhante, como Maradona, de um gênio, como Pelé: Maradona usava a camisa 10 *porque* Pelé inventou a mística e a conotação da camisa 10, que não havia antes dele. Ponto. Bill Gates é um cara brilhante. Steve Jobs foi gênio. Ponto.

Jobs capturou desejos – provavelmente dentro de si mesmo, cuja cabeça funcionava como antena parabólica e como caixa de ressonância para tendências e necessidades – e os transformou em demanda, em oportunidades de negócio.

Ele dava uma banana para a opinião do consumidor e, no entanto, sabia captar como poucos o que o consumidor *iria* querer. Ele dava muito valor ao design, à beleza e à conveniência do que oferecia a seus clientes. Tudo tinha que ser simples, fácil, prazeroso e bonito. E o mundo é hoje um bocadinho mais simples, fácil, prazeroso e bonito por causa de Jobs e dessa sua visão megalomaníaca de como a vida devia ser.

Steve Jobs estava sempre à procura do novo. Por isso, mexeu tanto com nosso dia a dia ao criar produtos e soluções que inventaram indústrias e segmentos inteiramente novos. Ele não queria ser líder do que existe. Ele queria liderar o amanhã. Era visionário, porque era para o horizonte que direcionava sua visão. Tinha bronca do velho, do *establishment* – mesmo do que havia sido estabelecido anteriormente por ele mesmo. Pensava sempre no que estava adiante. Via o que ainda não estava ali. E acreditava obcecadamente em si e em suas visões. Era um exterminador implacável do passado. E um inventor incansável do futuro.

    Outra grande lição que Steve Jobs deixou para todos nós é a de fazer valer o tempo que passamos sobre o chão desse planeta. Ele nos mostrou como é importante prestar atenção nisso. Você e eu temos uma vida, e é preciso fazer alguma coisa útil, bacana e grandiosa com ela. O maior crime, para todos nós, é passar em branco por essas sete ou oito décadas que nos cabe viver. Steve Jobs viveu pouco mais de cinco décadas. E fez tudo o que fez. E só não fez mais porque umas células malucas geraram um tumor em seu pâncreas e o mataram precocemente. E você e eu, hein? O que estamos fazendo com nossas vidas? Essa é a pergunta que Jobs nos faz. Todo dia.

    Nas palavras do homem de camisa de gola rulê preta e tênis New Balance cinza:

> *Your time is limited. So don't waste it living someone else's life.*
>
> *Don't be trap by dogma, which is living with the results of other people's thinking.*
>
> *Don't let the noise of other's opinions to drown down your inner voice.*
>
> *And, most important, have the courage to follow your heart and intuition.*
>
> *Somehow they already know what you truly want to become. Everything else is secondary.*

Algo como:

"Seu tempo é limitado. Então não o desperdice vivendo a vida de outra pessoa.

Não caia na armadilha do dogma – que é viver com os resultados do modo de pensar de outra pessoa.

Não deixe o ruído da opinião alheia abafar a sua voz interior.

E, mais importante, tenha a coragem de seguir seu coração e sua intuição.

De alguma forma, eles já sabem o que você realmente quer da vida.

Todo o resto é secundário."

Jobs também conclama as pessoas a não se acomodarem, a permanecerem a fim de jogo e sem medo de errar – *Stay hungry, stay foolish.*

E ele ainda fala da morte: *Death is very likely the single best invention of life. It clears up the old to make the way for the new.* Ou: "A morte é muito provavelmente a melhor invenção produzida pela vida. Ela remove o que é velho e abre caminho para o que é novo."

Jobs estava falando com você. Estava falando *de* você. Ele estava olhando no fundo no olho de nós todos, que estaremos aqui por mais uns anos, com aquele mesmo olhar penetrante e provocador, emoldurado pelos óculos redondos e pelas sobrancelhas grossas.

E essa é a pergunta que ele nos deixou: o que você vai fazer do tempo que lhe resta?

A FÓRMULA DA MAÇÃ: SIMPLICIDADE, FOCO, CONTROLE E AUTOCONFIANÇA

Dá para admirar um empresário maníaco, cruel, que grita com os funcionários e faz com que eles trabalhem até 90 horas por semana?

Se sua resposta for "não", então saiba que você não admira Steve Jobs, fundador da Apple, gênio da inovação, responsável por revoluções na indústria da tecnologia que mudaram o mundo e se tornaram lendárias: do mouse à interface gráfica com ícones clicáveis, o que tornou o computador acessível a crianças de 3 anos.

O livro que Leander Kahney escreveu sobre Steve Jobs apresenta Jobs como uma figura contraditória. Ele era um líder messiânico e ao mesmo tempo despojado. Que inspirava ideias e que inspirava medo. Que enxergava o interlocutor sempre como um gênio ou um idiota, sem gradação possível. Kahney mostra que os defeitos de Jobs foram tão importantes para o sucesso da Apple quanto suas virtudes.

A Apple, segundo Kahney, é uma persona, muito antes de ser uma corporação. Mais do que uma empresa, Jobs teria criado uma entidade cheia de carisma e de magia. Exagero? Pense nas campanhas publicitárias, supervisionadas pessoalmente por Jobs, que costumavam se tornar eventos culturais e marcar época. Ou nos lançamentos de produtos, capitaneados pelo próprio Jobs, que mesmerizavam o planeta.

É possível dizer que enquanto Bill Gates construiu uma empresa, Steve Jobs construiu uma mitologia. Enquanto a Microsoft dominou o mercado corporativo, das estações de trabalho, de modo racional, a Apple se dedicou ao indivíduo, focando em entretenimento e design, com apelo emocional.

Com o iMac, por exemplo, no final dos anos 90, a Apple lançou a moda dos plásticos transparentes em cores cítricas, depois utilizados em milhares de outros produtos em centenas de ramos diferentes. Antes disso, nos anos 70, a empresa já havia inventado o padrão bege (Jobs se inspirou em processadores de alimentos), largamente adotado pela indústria de computadores até hoje. Vai ser influente assim lá no Vale do Silício!

No célebre artigo que escreveu para a *Harvard Business Review*, em 1960, o pensador dos negócios Theodore Levitt disse, sobre John Ford: "Nós o celebramos pela razão errada. Sua real genialidade não era em produção, mas em marketing. Nós pensamos que Ford foi capaz de cortar seu preço de venda e vender milhões de carros de 500 dólares porque sua invenção, a linha de montagem, tinha reduzido os custos. Na verdade, ele inventou a linha de montagem porque concluiu que a 500 dólares ele venderia milhões de carros." O mesmíssimo raciocínio pode ser aplicado a Steve Jobs: ele não foi um gênio da tecnologia, mas do marketing.

Jobs gostava de afirmar o contrário, em blagues anticonsumidor: "As pessoas não sabem o que querem até que você mostre a elas." Mas poucos executivos na história tiveram tanta sensibilidade para antecipar desejos e necessidades. Jobs enxergava o mundo com os olhos do cliente. Ele testava tudo com essa perspectiva: a experiência do consumidor.

E Jobs era, em si, uma marca. Repare na malha preta com gola rulê, no jeans desbotado (sem cinto), no tênis New Balance cinza. Ele epitomizou o *geek* (o nerd descolado) e atuou como um logotipo ambulante.

O livro de Kahney afirma que Jobs foi um dos melhores "escolhedores de produtos" da história. Ele teria o raro dom de conectar os delírios gerados nos laboratórios de pesquisa ao mundo concreto dos consumidores. "Você não inventa produtos. Você os descobre. Eles sempre estiveram lá. Só que ninguém estava enxergando", dizia Jobs. O livro traz outros detalhes saborosos, como o fato de o iPod só ter existido graças à junção, pela Apple, de tecnologias que empresas como Toshiba e Sony não sabiam bem como utilizar.

"Criatividade é conectar as coisas", dizia Jobs, recusando a ideia de que criar seja um evento mágico. "Não existe um método para a inovação na Apple", afirmava Jobs. Ele gostava de acreditar que a inovação acontecia ali dentro como um processo orgânico. A Apple funcionava como a soma de várias *startups*, e não como uma corporação com mais de 20 mil funcionários.

Jobs se ocupava de defender a criatividade da ameaça da burocracia. Ele não tinha o menor pudor de lançar novos produtos que viessem a matar os que já existiam. Mas combatia a inovação aleatória, porque "ela cria soluções para problemas que não existem". Que bela frase. Inovadores deveriam escrevê-la em seus Post-its todo dia.

O que movia Jobs não era a competição nem o dinheiro. O que ele desejava era mudar o mundo, fazer história. Jobs trabalhava movido a paixão. Segundo Kahney, ele tinha um entusiasmo contagiante, era uma força da natureza. Jobs era também muito exigente. Só contratava os melhores. E sabia extrair o melhor de cada um. Não raro, de forma traumática. Ele impunha o seu senso de urgência à organização, sem dó.

Segundo Kahney, Jobs era um intimidador profissional. Mas não um tirano, meramente. "Ele atuava como um pai muito difícil de agradar. As pessoas tinham medo dele e buscavam a sua atenção e a sua aprovação. Ninguém queria decepcioná-lo", escreve. Um funcionário deixava sempre um tênis escondido debaixo da mesa, para trocar o sapato por ele caso o chefe aparecesse. É isso mesmo: usar sapato pegava mal na Apple de Steve Jobs.

Jobs adorava disputas intelectuais. Ele era conhecido por testar seu interlocutor: queria saber se o sujeito estava bem informado, se sabia defender seus pontos. Na Apple, as pessoas se perguntavam: "Você já foi stevado hoje?" Significava tomar uma lavada de Jobs, ser atropelado por ele no corredor, no elevador, na sala do café.

Jobs era também um perfeccionista patológico. Buscava sempre a excelência. Chegou a mandar redesenhar uma placa-mãe porque a achava feia – peça com a qual quase nenhum usuário tem contato. Também achava que o plugue do iPod não fazia um barulho de clique bacana. E só sossegou quando seus engenheiros entregaram um som de clique bonito.

De outra feita, fez seus programadores gastarem seis meses ajustando um detalhe tão pequeno quanto a barra de rolagem do sistema operacional. Ele era obsessivo com os detalhes que considerava importantes na busca pelo melhor produto possível. E era assim em casa também – passou duas semanas repassando na mesa de jantar os valores da sua família, filosoficamente, antes de decidir que máquina de lavar deveriam comprar.

Steve Jobs também errou. O Mac Cube, lançado em 2000, por exemplo, uma aposta pessoal sua, naufragou. Ter investido primeiro em vídeo, com o iMovies, e não em música, com o ecossistema iPod/iTunes, que só viria bem depois, quase fez a Apple perder um dos melhores negócios da história da empresa.

O ponto é que os erros não minavam a sua confiança. Eis as quatro obsessões que sustentavam o pensamento de

Steve Jobs – e sua prática empresarial. Temos um bocado a aprender com elas:

SIMPLICIDADE

Tudo tem que ser claro e fácil de entender e de usar. Menos é mais. Este conceito perpassava tudo na Apple, das funcionalidades dos produtos, ao design das embalagens e à própria organização da empresa. Para Jobs, simplicidade equivalia à inteligência. E complexidade, à confusão mental.

FOCO

Ele atacava um problema de cada vez. E ia até o fim. Enxergava o que interessava e ignorava o resto. "Ter foco significa saber dizer não", dizia.

CONTROLE

Os sistemas da Apple são fechados e ele integrou a empresa verticalmente para ter controle total do processo e do produto. Mas Jobs sabia delegar. Concentrava-se no que fazia bem – desenvolvimento de produtos, apresentações ao mercado, negociação de acordos – e delegava o que não fazia bem – como administração de finanças e gestão da operação – para quem fizesse melhor.

AUTOCONFIANÇA

Ele tinha a coragem de seguir os próprios instintos. Quando reassumiu a Apple, no fim dos anos 90, contrariou o senso comum e reduziu o faturamento de 12 bilhões de dólares à metade, numa arriscada manobra para recuperar a rentabilidade da empresa. Deu certo.

O QUE UM VELHO QUE MORREU EM 1966 TEM A LHE ENSINAR

Você já leu *My Years With General Motors*, ou *Meus anos com a General Motors*, livraço de Alfred P. Sloan?

Sloan é o primeiro superexecutivo da história, o cara que inventou o conceito de empresa como o conhecemos hoje. Bill Gates disse que esse é o livro de negócios a ser lido se você só puder ler um livro de negócios.

Sloan passou 50 anos à frente da GM. Ele assumiu a presidência da empresa em 1923, quando tinha 48 anos e a companhia estava à beira da falência. Em 23 anos como CEO, transformou a GM na maior empresa do mundo. Hoje Sloan dá nome à escola de administração do Massachusetts Institute of Technology (MIT), em Boston.

Sloan inventou sistemas de gestão que hoje são óbvios, mas que não o eram no capitalismo do começo do século 20:

descentralização administrativa da empresa em unidades de negócio independentes, controle financeiro centralizado, obsolescência planejada dos produtos com lançamentos anuais de novas versões, portfólio de produtos com preços distintos para vender a clientes em momentos diferentes da vida e com diferentes poderes aquisitivos etc.

Para mim, *My Years With General Motors* é um livro dos meus anos de MBA, na Kyoto University, no Japão, quando li muita coisa interessante: Porter, meu preferido. Chandler, o maior historiador de negócios de todos os tempos. Butler – um dos preferidos do meu professor, Fumio Kondo, e com quem o sansei havia estudado em Harvard. E Hamel & Prahalad. E o inevitável Kotler.

A autobiografia de Sloan e da empresa que ele ajudou a erguer é uma delícia. Um mergulho na economia industrial e na história dos negócios. Os americanos têm essa coisa de escrever para serem lidos, têm essa consciência de que o livro é um produto a ser vendido e, portanto, comprado, por leitores que, portanto, são antes que tudo consumidores.

Essa cultura faz com que, além da substância, a embalagem – no caso, o texto, a edição – seja sempre muito atraente. (A linha francesa, ao contrário, reza que quanto mais você escrever difícil, quanto mais impenetrável for seu texto, quanto mais gente não entender bulhufas do que você está dizendo, mais relevante, respeitado e reconhecido você será.)

Prefiro a linha americana: os caras não apenas têm uma boa história para contar, mas se esforçam para contá-la da forma mais clara e gostosa possível. Como resultado, a literatura por lá, inclusive a de negócios, é composta por grandes frasistas, por bons estilistas, por escritores com admirável capacidade de síntese, que escrevem com graça – mesmo que tenham como primeira ocupação serem consultores, executivos, acadêmicos.

Já na introdução do livro, assinada por Peter Drucker, há um punhado de frases espetaculares tecidas à luz da reflexão e da memória de Sloan.

The job of a manager is not to like people. It is not to change people. It is to put their strenghts to work. Ou: "O trabalho do executivo não é gostar de pessoas. Não é mudar as pessoas. É colocar o melhor de cada um para trabalhar."

Performance is more than the bottom line. It is also setting an example. And this requires integrity. Ou: "Performance é mais do que fazer o resultado. É também estabelecer um exemplo. E isso requer integridade."

Leadership is not charisma. It is not PR. It is not showmanship. It is performance, consistent behavior, trustworthiness. Ou: "Liderança não tem a ver com carisma. Nem com a imagem pública da pessoa. Não se trata de dar um show. Liderança tem a ver com resultado, com constância, com credibilidade."

The manager is a servant. Rank does not confer privilege. It does not give power. It imposes responsabilitiy. Ou: "O executivo é um prestador de serviços. A hierarquia não confere privilégio nem empresta poder a ninguém. Ela impõe responsabilidades."

Um brinde a Alfred Sloan. E outro a Peter Drucker.

O PIOR TIPO DE MORTE É ABDICAR DE VIVER

E de repente vem, não sei de onde, essa energia boa para empreender. A alegria do novo. E já não há medo. (Ao menos, não *tanto* medo.) E o entusiasmo vence os receios. E a chance de dar certo e de ser divertido é maior do que aquela sombra eterna que parece sempre sussurrar sorrindo, atrás do ouvido, que tudo pode ser em vão.

Que bom não estar velho demais para me candidatar a ser eu também um *maker* – um criador de coisas legais. E fico a fim de construir. De falar menos e de fazer mais. Não só pensar, refletir, ponderar, planejar, analisar – mas *realizar*. Não só palpitar no que é dos outros, e criticar e elogiar e admirar e invejar a obra alheia – mas meter a mão na massa, e erigir minha própria obra. É disso que se trata. Dar o primeiro passo. Dar o próximo passo. Seguir em frente. Sair da inércia. Trazer os sonhos e os projetos do ideário e da idealização para a realidade. Ter a coragem de testá-los. De jogá-los no mundo. Não importa aonde você vai chegar – mas, sim, quando você vai começar.

Essa é a faísca do empreendimento. O *big bang* – ou *little bang*, tudo bem, sem problema – de uma *startup*. Hora de recomeçar, com alma de aprendiz. E cair de novo na pista, na estrada, e sair de novo da zona de conforto, e correr o risco de inventar coisas. E de reinventar a si mesmo nesse processo. Com algo que faça sentido para os outros e para você também. Com um projeto que represente uma oferta cheia de valor para os demais e cheia de propósito para quem o produz.

O resto é um mundo maquiado e enganoso, estereotipado, cheio de rótulos, que nós mesmos nos impomos, em que deixamos de ser nós mesmos e nos perdemos de nossa essência e daquilo que realmente importa na vida.

E o que importa? A obra que estamos construindo ao longo dessas poucas décadas que temos de carreira. A diferença que estamos fazendo na vida das pessoas. Como elas se lembrarão da gente. E o tanto que conseguimos ser felizes ao longo do caminho. E viver pelas próprias regras, e não pelo que os outros esperam ou desenham para você.

A vida é o percurso, não é a chegada. A chegada, na verdade, é a morte. Ou melhor: a morte mesmo, na sua pior versão, é não ter tido a coragem de partir, é ter ficado parado, é não ter caminhado.

6

UM CINTO DE UTILIDADES PARA O EMPREENDEDOR

DUAS COISAS QUE TODO EMPREENDEDOR PRECISA FAZER TODO DIA

A principal função do empreendedor, na verdade, são duas.

A primeira: manter o negócio vivo.

Eis a principal missão do dono de uma empresa: fazê-la sobreviver.

A relação do criador com sua iniciativa é, em boa medida, uma relação de pai com filho. Você não mede esforços para que ele tenha saúde, se torne autônomo, ganhe o mundo, caminhe com as próprias pernas, cumpra todo o seu potencial, tenha capacidade de gerar felicidade para si mesmo e de ser querido pelos outros.

Para isso, às vezes, é preciso correr pelo campo sem posição definida. Fazendo o gol quando o centroavante que você contratou hesita na cara do gol adversário. Dando bicão lá atrás quando o zagueiro que você escalou como xerife titubeia dentro da própria área. Voltando para reforçar a marcação quando seu oponente ataca. Levando o time ao ataque assim que recupera a posse de bola.

Seu trabalho, como empresário, é fazer o que for necessário.

Mas, sim, há outro papel fundamental na vida do empreendedor: liderar.

Não adianta jogar sozinho. Também não adianta montar o time e se eximir de jogar. É preciso contratar a dedo. E, depois, pisar no barro e mastigar pregos junto com seus colaboradores. Liderar é inspirar, é dar o exemplo. É apontar a direção a seguir e ser o primeiro a correr para aquele lado, de bandeira em punho.

Liderar é estimular quem trabalha com você a fazer coisas que ele ou ela nem sabia que podia. Liderar é depositar confiança no outro. A estima do líder gera autoestima em quem olha em busca de se reconhecer.

Liderar é passar segurança aos demais – mesmo quando *você* está inseguro. É gerar a tranquilidade necessária a que o trabalho aconteça – mesmo que, para isso, você tenha que atuar como filtro, retendo as pressões externas de modo a proteger o ambiente interno.

Liderar é ser claro. Comunicar com eficiência e simplicidade. Cumprir – e cobrar – os compromissos assumidos. Deixar inequívoco aquilo que é desejado e aquilo que não será admitido.

Liderar é ser justo. Operar com os mesmos pesos e medidas para todos – as regras que valem para o menos graduado dos seus colaboradores devem valer para você também, e vice-versa. Liderar é dar a todos a sensação de que todos sabem de tudo que está acontecendo, é disseminar a certeza de que todos são importantes e de que o jogo está dado para todos da mesma forma, de modo transparente, sem favorecimentos ou conversas paralelas.

Liderar é estar próximo. É descer do pedestal e se tornar acessível. É saber ouvir, responder, dialogar, esclarecer.

No fim das contas, o grande papel do líder é fazer o time acreditar. Acreditar no projeto. Acreditar na liderança. Acreditar, cada um, em si mesmo. Sem essas crenças não se chega a lugar algum.

Liderar é vender uma ideia, sustentar uma visão, catequizar. E estar disposto a fazê-lo – com paciência, com denodo, com amor.

É preciso amar o negócio que você criou. E amar o time que você montou.

Isso é bem mais do que a grande maioria dos líderes e das empresas podem dizer a seu respeito. E, portanto, um diferencial poderosíssimo.

Qual é o negócio da sua empresa?

Até certa idade, ou certo ponto da carreira, a gente vive a ilusão de que ganhar dinheiro não é uma prioridade da empresa. Acreditamos que ganhar dinheiro é necessário, mas que a empresa é maior do que isso.

Apartamos nossa atividade diária dessa obrigação imediata de gerar receitas. Não nos sentimos conectados nem comprometidos com o faturamento da empresa – imaginamos que ele é uma preocupação da turma de vendas. E que a rentabilidade é uma preocupação da turma do financeiro.

Até amadurecermos mais como profissionais, acreditamos que faturamento e rentabilidade são consequências distantes e indiretas do nosso trabalho no departamento de marketing ou na engenharia ou no RH. Não percebemos que, ao contrário, faturamento e rentabilidade são pré-requisitos para que nossos empregos existam.

Só mais tarde nos damos conta de que o pré-requisito para qualquer empresa permanecer no negócio, e sobreviver no mercado, é ter um fluxo de caixa positivo, operando com custos menores do que as suas receitas e remunerando o capital investido pelos acionistas. Uma empresa é isso – antes de ser qualquer outra coisa.

Todo empreendimento, independentemente do seu tamanho e do seu tempo de vida, existe, respira, dorme, acorda e come sob a égide desse compromisso – ganhar dinheiro. É uma visão crua e acurada da vida como ela é. Ou dos negócios como eles são. É um jeito pouco romântico de encarar a carreira. Especialmente para quem se imagina apartado da função de vender, de faturar, de gerar receita. Mas o mundo do trabalho não é romântico.

À medida que você vai crescendo na carreira e que suas responsabilidades vão se aproximando cada vez mais da gestão direta dos resultados do negócio, a verdade sobre a finalidade e o compromisso de qualquer empresa fica clara a ponto de ofuscar.

E quando você vira empresário, então, essa verdade se apresenta como um tapa. Como uma sequência diária de tabefes. Plaft. Plaft. Plaft.

Você tem vergonha de vender?

O que a Gisele Bündchen faz para viver?

Desfila, tira fotos, posa para capas de revista?

Não. Ela vende.

Perfumes, lingeries, joias, sapatos, roupas, xampus, carros, operadoras de TV, enfim, o que pedirem para ela vender.

E Tom Cruise, o que ele faz?

Lê roteiros, interpreta personagens, produz filmes?

Não. Ele vende.

Estampam sua cara nos cartazes não porque ele é bonito, ou o melhor ator do elenco, mas porque ele atrai milhões de pessoas que deixam centenas de milhões de dólares nas bilheterias mundo afora.

E Paulo Coelho?

Escreve, lê, medita, sonha, estuda, atira flechas?

Não. Ele vende.

Milhares de livros – um produto cujas vendas normalmente se contam às centenas.

E o padre ou pastor da sua Igreja?
E o seu médico e o seu dentista?
E a professora do seu filho?
Eles vendem.

Todo mundo está vendendo alguma coisa. Todo mundo tem alguma coisa para vender. É assim que nos conectamos economicamente às outras pessoas – por meio de trocas de valor. Eu tenho algo de que você precisa e eu preciso de algo que você tem.

Isso acontece o tempo todo. E não há mal algum nisso. Apenas não temos essa consciência. Nem essa naturalidade em admiti-lo. Por vezes, achamos que vender é feio. Ou desagradável. Ou então que requer uma habilidade extraterrestre. E, no entanto, estamos a todo momento tentando ser "comprados" pelos outros.

E não se trata apenas de nossos produtos e serviços, ou de nossa força de trabalho. Nós também queremos conquistar a estima dos demais, a admiração de pais e chefes, o amor de quem nos interessa. Queremos que as pessoas concordem com nossas ideias, que torçam pelo nosso time, que votem no nosso candidato, que façam ao volante o caminho que faríamos se nós é que estivéssemos dirigindo.

Queremos audiência, preferência, influência. E quem quer ser aceito, quem quer ter lugar à mesa, precisa aprender a vender um produto essencial – a si mesmo.

O problema de vender, portanto, não é a venda em si, mas sim vender algo que não tem valor para o outro. Assim como o problema é vender e não entregar. Ou vender para resolver um problema seu, para apaziguar o vendedor, e não para oferecer uma solução real ao comprador. Quando você entrega a uma pessoa o que ela está precisando, e lhe supre uma necessidade, ela lhe será eternamente grata por essa "venda" que você lhe fez. Você não estará incomodando ninguém – você estará levando uma bênção.

No mundo do empreendedorismo, a função básica de qualquer empresa é vender. Sem faturamento, não há empresa. Então, qualquer profissional ou área que queira ser importante em relação ao negócio terá que contribuir com as vendas, terá que impactar positivamente o faturamento.

OK, cortar custos também agrega valor ao negócio, porque ajuda a melhorar a margem. Assim como também é importante cuidar bem dos talentos ou entregar direito, com qualidade e dentro do prazo, aquilo que foi vendido. Mas o faturamento é uma necessidade anterior a tudo isso. Sem receitas, sem vendas, a empresa não existe – e não haverá custos para cortar, nem talentos para cuidar, nem produtos ou serviços para produzir e entregar com excelência.

Lembre-se disso da próxima vez em que se sentir constrangido por ter que vender. Se você tem algo bom a entregar, se você acredita no seu negócio e no valor que está oferecendo ao mundo com a sua empresa, e se você identifica no seu interlocutor uma demanda que pode ser atendida por aquilo que você faz, mesmo que ele ainda não tenha se dado conta disso, venda com entusiasmo, de cara limpa, de peito aberto, com paixão – porque antes de fazer um favor a si mesmo, você estará fazendo um tremendo bem ao outro.

O GRANDE EMPREENDEDOR SABE SE DAR AO RESPEITO – MAS TAMBÉM SABE A HORA DE SE DESRESPEITAR UM POUQUINHO

O empreendedor precisa ter grande respeito por si mesmo. A primeira admiração e a primeira confiança que ele precisa conquistar são as dele mesmo. Ele vai precisar muito desse apoio interno. É nesse foro íntimo, mais do que em qualquer outro lugar, que reside tanto a energia para ir adiante, superando qualquer adversidade, quanto as bananas de dinamite que podem botar tudo abaixo, inclusive bons projetos em curso.

Será preciso ter autoestima para acreditar em si mesmo, no seu potencial, na sua própria capacidade – especialmente naqueles momentos em que ninguém mais à volta aposta um centavo na sua visão ou na sua capacidade de executá-la bem.

Será preciso fé – a capacidade de acreditar em algo que não é possível provar, de acreditar no próprio taco, de ir adiante munido apenas da intuição de que as coisas darão certo e de que há momentos na vida em que é preciso crer para ver.

Isso é convicção em si mesmo e nas próprias ideias. Isso é respeito por si mesmo.

Ao mesmo tempo, o empreendedor precisa estar preparado para, em determinadas situações, nutrir um naco de "falta de respeito" por si mesmo.

Será preciso ralar quando você já estiver com a pele escalavrada.

Será preciso andar quilômetros depois que você já estiver exausto.

Será preciso caminhar sobre pedregulhos com pés descalços, quando eles já estiverem machucados.

Será preciso mastigar e engolir um quilo de sal.

Tudo isso passa por se desrespeitar um pouco. Por negar seus próprios pedidos de clemência e se lançar adiante, e continuar marchando – muitas vezes no escuro, tateando, trombando com muros e rochedos, à espera de que a luz volte a brilhar.

O empreendedor precisa estar pronto para fazer essas duas coisas – ser seu melhor amigo e seu pior inimigo.

APRESSA-TE DEVAGAR

A inércia é uma das grandes forças que regem a vida. Se a gente pudesse ter tudo sem precisar fazer nada, se a gente pudesse realizar as coisas sem sair do lugar, é dessa maneira que a maioria de nós escolheria viver.

Empreender é, antes que tudo, romper com a inércia. O empreendedorismo impõe dar um passo à frente, assumir riscos, desafiar as incertezas, realizar um movimento individual no sentido contrário ao jeitão como o mundo está montado e se oferece para a gente.

Portanto, é preciso espírito *maker* para superar o que está posto. Só com essa disposição se alça um voo solo, se encontra coragem para operar um salto de fé, se acha força para abrir os olhos no escuro e encarar o desconhecido. Sem essa gana de realizar, não se faz nada. Muito menos uma empresa. A comodidade conduz sempre ao caminho da não realização. Quem quer fazer alguma coisa, qualquer coisa, precisa sair do sofá. Precisa estar disposto a conviver com – e a administrar – uma certa taxa de incômodo em sua vida. Gatos gordos não empreendem.

O espírito *maker*, a sanha de realização, a ansiedade por criar e por inovar conduzem o empreendedor para a outra ponta da régua. Lá não se fala mais de conforto ou de lentidão, mas, ao contrário, de ultravelocidade, de fazer tudo ao mesmo tempo agora, de viver a vida no *extra mile* – a "milha extra" a que os americanos se referem quando falam do tanto que é preciso andar a mais do que os outros quando se quer realmente fazer diferença. O risco aí é exagerar no ritmo, viciar na adrenalina da carreira sem teto, virar um empreendedor em série, perder o controle sobre a própria vida – e se tornar um escravo do trabalho.

A vida, creio eu, faz mais sentido nessa outra ponta da régua. Quando aceleramos, quando não ficamos nos poupando, tiramos mais do exíguo tempo de vida e de mercado que temos. No entanto, é preciso cuidar para não acelerar demais e fundir o motor. O sujeito, ao deixar de se poupar, às vezes se detona sem dó. Vira um joguete na mão da sua própria sanha realizadora.

Então, é preciso criar um padrão para a vida no *extra mile*. É preciso reconhecer os próprios limites, mesmo (e principalmente) quando decidimos dar um passeio para além deles. A vida não é só trabalho. Não pode ser só isso. Nem mesmo para o mais afiado dos empreendedores. Criar um negócio bem-sucedido jamais fará sentido se para isso você tiver que enterrar um fracasso em família ou em um relacionamento importante.

Eu já corri muito nessa vida. Me considero, hoje, um ex-velocista. (Ou talvez eu tenha sido um fundista, um cara que desenvolveu a resistência para encarar provas mais longas, para cumprir corridas de recuperação.) Seja como for, quando precisei acelerar, acelerei, avancei, progredi. De uns tempos pra cá, estou no processo de aprender a andar mais devagar. Não é fácil. Você se sente culpado. Você se sente meio irresponsável, desperdiçando oportunidades que poderão fazer falta ali adiante. (O bom de envelhecer é que já não há mais tanto "ali adiante" pela frente.) Você se sente enferrujado por não roncar mais seu motor tão alto quanto fazia antes. (Mesmo quando você deixa de fazer coisas porque não *quer* mais fazê-las, há uma vozinha interior que fica sussurrando que talvez você não esteja mais fazendo aquilo porque, na verdade, não *consegue* mais fazê-lo.)

Aos poucos, no entanto, você vai percebendo que é bom ter mais tempo para cuidar dos filhos, para aprender com eles, para vê-los crescer. É bom estar mais próximo da sua mulher. É bom achar tempo para você mesmo, para as coisas que você faz porque *gosta* não porque *tem* de fazê-las.

Dia desses reencontrei uma amiga que voa cada vez mais alto e veloz. Um avião – como se dizia antigamente. Rápida ao falar, objetiva, sempre com o olhar siderado, fazendo três coisas ao mesmo tempo. Daquelas pessoas que nunca têm agenda disponível pelos próximos dois ou três meses. Que têm duas ou três reuniões marcadas concomitantemente na agenda. Que estão metidas em mais coisas do que teriam condições de tocar bem. E eu me perguntei – caramba, que carreira é essa? Que existência é essa? Não pensava nem em qualidade de vida – mas em qualidade de trabalho mesmo. Que tipo de entrega pode resultar de uma rotina profissional levada dessa forma?

Percebi que, quanto mais aceleramos e jogamos coisas para dentro, menos interagimos de verdade com essas coisas. Quanto mais velozmente passamos pela vida, mais superficial é essa passagem, mais rasas ficam as experiências. Não sei se cheguei em algum momento a ser como a minha amiga (acho que sim), mas via ali, com certo alívio por poder estar enxergando isso, o quanto aquele estilo não era para mim. Não mais.

Chegamos a falar em almoçar ou tomar um café, mas a verdade é que não nos vimos mais. Por absoluto desencaixe de estilos de vida – e de rotações por minuto. Eu, tocando o meu programa de reeducação de velocidade ao volante. Ela, em louca cavalgada.

É preciso sair da inércia para fazer qualquer coisa que você queira fazer. Mas, para fazer qualquer coisa bem-feita, é preciso tempo, carinho e atenção.

O triunfo do arroz com feijão

Toda empresa nasce olhando com desdém para o feijão com arroz servido a rodo no mercado. E propondo fundos de alcachofra e aspargos para tornar o prato mais saboroso.

Ou seja: toda empresa chega ao mercado com algum diferencial. Ou ela faz de modo mais rápido, mais barato e mais conveniente o que já era oferecido por outros. Ou ela traz algo que ainda não havia no cardápio de opções dos consumidores.

Se ela não oferecer nada disso, se ela apenas se dispuser a fazer mais do mesmo, ela terá dificuldades para entrar no mercado. Ou então ela entra e sai rapidinho. Porque não se diferencia, não cria marca, não se distingue pela geração de um valor que só ela consegue entregar.

O paradoxo é que, se para se firmar no mercado, a empresa precisa apresentar algum tipo de inovação, seja ela incremental (uma melhoria do que já existe) ou disruptiva (uma nova proposta, até ali inexistente), ela também só conseguirá crescer se aprender, rapidinho, a entregar o feijão com arroz bem-feito, com regularidade e bom preço.

Eis o duro recado para as *startups* inovadoras: é preciso saber fazer também o bom, bonito e barato. É preciso aprender a fazer o que as pessoas querem comprar e não apenas o que você quer vender. É preciso atender as demandas existentes, o que as pessoas já estão comprando – por mais caretas que elas pareçam perto da sua genialidade de empreendedor.

Daí virão 80% do seu faturamento. Talvez mais. Focar a totalidade da sua energia realizadora na criação de novas demandas pode ser bem arriscado. Invente o futuro – mas não vire as costas ao presente, ao que está acontecendo ao seu redor.

Em suma: você terá muitas dificuldades em sobreviver se quiser fazer só coisas especiais. Sobreviver, assim, no infinitivo, já é difícil. Mas é ainda mais complicado para quem decidir viver só de fundos de alcachofra e aspargos.

Ouvi há pouco uma ideia que resume bem esse ponto: pare de tentar ser tão genial e preocupe-se um pouco mais em entregar bem aquilo que lhe foi encomendado. Ouça as pessoas. Trabalhe *para* elas. Atenda-as bem. Resolva problemas reais em suas vidas. Em determinados momentos, em determinados mercados, em determinadas empresas, a grande disrupção é fazer o simples – e fazer o simples *bem-feito*.

Nem sempre o caminho é reinventar as entregas ou de redesenhar a roda e a colher. Às vezes, basta entregar bem aquilo que está faltando, o que está sendo pedido. Não raro, essas necessidades desatendidas são coisas óbvias, que se tornam invisíveis aos nossos olhos porque estamos sempre procurando o passe de efeito, o lançamento de 40 metros, o *hat trick* – algo como "tirar o coelho da cartola". E aí deixamos de ver o companheiro que se desloca livre ao nosso lado, pedindo bola. O cara que poderíamos botar na cara do gol com um passe de cinco metros. Às vezes, a coisa certa a fazer é a coisa óbvia. Às vezes, a jogada mais efetiva é a mais simples.

Eis a mais poderosa das inovações – carpir a excelência na entrega, produzir entregas que gerem no cliente um sentimento de incredulidade e de gratidão.

Você está construindo um negócio para viver ou para vender?

Há vários jeitos de você pensar uma nova empresa.

Você pode, por exemplo, escolher entre criar um negócio de escala ou um negócio de impacto. Trata-se de motivações bastante distintas.

Num negócio de escala, você quer crescer, *escalar* o negócio (aumentando rapidamente as receitas sem crescer os custos na mesma medida), *pivotar* logo a sua empresa (produzindo novos negócios a partir do eixo do negócio original), expandir a operação, atender mais gente, aumentar o valor de mercado da sua empreitada.

Num negócio de impacto, o caminho é outro: você quer mudar o mundo para melhor, quer gerar um legado, quer causar transformações positivas nas comunidades em que está inserido. Você quer retornar ao máximo, para a sociedade, aquilo que recebe dela. Você quer *impactá-la* positivamente.

Num negócio de escala, seu objetivo é dominar o mundo, acumular dinheiro, ficar rico. Num negócio de impacto, seu objetivo é dar sua contribuição para a construção de um mundo melhor, mais justo e mais equilibrado. E, claro, quer receber dinheiro suficiente para poder viver disso, com um modelo de negócios sustentável.

Negócios de escala também podem gerar impacto. E negócios de impacto podem também ser escaláveis e lucrativos. Mas eles divergem na sua prioridade zero, na sua motivação fundante – e isso acaba, em algum momento, mudando todo o resto.

Enquanto negócios de escala são *lean and mean* – "magros e maus" –, negócios de impacto são iniciativas "do bem". Mas não pense em ONGs (as Organizações Não Governamentais), em filantropia ou em Terceiro Setor: trata-se de negócios que visam ao lucro – só que fazem questão de que os ganhos venham a partir das mudanças para melhor que o negócio gera na vida das pessoas.

Normalmente, negócios de escala são mais vendáveis do que negócios de impacto – também conhecidos como "negócios sociais". Ao escalar um negócio, ao expandi-lo, ao torná-lo reprodutível, o empreendedor acaba se tornando dispensável – o negócio anda tão bem que pode caminhar inclusive sem seu fundador. Já negócios de impacto são construídos mais para *entregar* valor do que para *acumular* valor, e valem mais pelo que ofertam do que pelo que recebem em troca. Por isso acabam não tendo muito valor – financeiro – de venda. E nem são muito atraentes para os compradores de empresas tradicionais, que visam sempre o retorno – financeiro – sobre o investimento que fazem na aquisição de uma empresa. (Negócios criativos também não são muito vendáveis – porque dependem do brilho do fundador. Acabam tendo pouco valor sem a criatividade das pessoas que o criaram.)

Outro jeito de pensar um negócio é escolher entre construir um negócio *para vender* ou construir um negócio *para viver*. Essa distinção está mais na atitude do empreendedor do que propriamente na tipificação da empresa. Você pode tratar um negócio de escala como se fosse um negócio *para viver*. E você pode tratar um negócio criativo ou social como um negócio *para vender*. Depende justamente do modo como você se relaciona com a empresa. E do que sonha para si mesmo e para ela.

De modo geral, quem cria um negócio *para viver* o trata com amor incondicional, com zelo constante. São laços perenes, uma relação montada para o longo prazo. Você está plantando para consumo próprio. Você olha para o conteúdo, para o valor real do que está produzindo, antes de se preocupar com a embalagem, com a percepção dos outros a respeito da sua empresa.

Já quem cria um negócio *para vender* se comporta com menos comprometimento. O amor existe – mas não é *incondicional*. A relação é mais racional e pragmática do que apaixonada e emocional. A possibilidade de você estar fazendo outra coisa amanhã está sempre presente – assim como a chance de a empresa trocar de mãos na próxima curva e passar à gestão de outra pessoa. Os laços se tornam efêmeros e os compromissos, mais tênues. Nesse cenário, as perspectivas são sempre de curto prazo. Você está plantando para oferecer aos outros. Você presta mais atenção à atratividade do seu rótulo do que à qualidade intrínseca do seu produto.

Não há caminho pior ou melhor nessa dualidade. Há apenas que descobrir qual desses caminhos é o *seu*.

Fazer negócios é difícil...

Fazer negócios com brasileiros é bem complicado. A gente não chega na hora. Promete e não cumpre. Não somos diretos. Quase nunca deixamos claro o que queremos. Gostamos mais de fazer negócios pela estima que desenvolvemos pelo interlocutor do que pelo mérito e pelas métricas do negócio em si. Não sabemos divergir, levamos tudo para o plano pessoal – por isso evitamos o conflito, preferimos contemporizar, preferimos dar o bolo a ter que dizer "não" na lata. Fora que somos cleptomaníacos, adoramos uma bola, um boi, uma propina, um favorecimento aqui, um traficozinho de influência lá, um docinho na boca acolá. Então, negociar com brasileiros é complicado.

Fazer negócios com americanos é bem complicado. Os caras ocupam o centro do mundo há décadas, inventaram boa parte de tudo que existe hoje em termos de negócios, operam geralmente numa escala muito maior do que a nossa, e usam isso a favor deles na hora de negociar. (E quando suas estratégias de negociação não dão certo, e eles perdem a paciência, sempre podem mandar os marines para cima de você.) Então, negociar com americanos é complicado.

Fazer negócios com italianos é bem complicado. Os caras são duros na queda e, ao mesmo tempo, lisos. Sorrindo, comendo, bebendo, gesticulando, abraçando e beijando, são simpaticíssimos e conquistam você – para depois ficarem com a fatia do leão. Eles também cultivam certa confusão organizacional, o que faz com que você nunca saiba direito com quem está conversando, nem se aquela conversa vai mesmo valer alguma coisa, nem onde, afinal, fica o centro de decisão. (E quando suas estratégias de negociação não dão certo, e eles perdem a paciência, você sempre pode acordar com uma cabeça de cavalo entre as pernas na manhã seguinte.) Então, negociar com italianos é complicado.

Fazer negócios com espanhóis é bem complicado. Os caras, de modo geral, continuam fazendo negócios com aquela mentalidade de conquistadores ibéricos. Ocupam os novos territórios de modo extrativista, mercantilista, imbuídos ainda hoje do espírito do bulionismo. O objetivo é levar tudo em galés para a Espanha. São agressivos e bem pouco afeitos a construir uma relação duradoura, do tipo ganha-ganha, com os locais. E gente realmente não parece ser uma das prioridades dos caras. Então, negociar com espanhóis é complicado.

Negociar com argentinos é bem complicado. Os caras eram muito mais ricos do que nós até há poucas décadas, quando ainda nos chamavam de macacos, riam das nossas mazelas e invadiam nossas praias. Agora eles têm que enfrentar a situação de o Brasil ter assumido uma posição mais relevante na economia mundial. Ver Buenos Aires lotada de brasileiros encantados com a Paris da América do Sul é um peso para *los hermanos*. Então, eles nutrem certo rancor pelos vizinhos brazucas. Especialmente porque somos pentacampeões e eles, apenas bi. Especialmente porque temos Pelé e eles, apenas Maradona. (E quando suas estratégias de negociação não dão certo, e eles perdem a paciência, podem sempre enviar o De Federico ou o Scocco para jogar no seu time.) Então, negociar com argentinos é complicado.

Negociar com japoneses é bem complicado. Os caras balançam a cabeça positivamente, sem parar, diante de você, numa reunião, sorrindo a todo momento, sem que em nenhum momento isso signifique que estão concordando com o que você está dizendo. O rito de conhecimento e de merecimento de confiança é longo e os caras podem levar anos até firmar um primeiro acordo com você. Eles estão sempre em grupo, aparentam tomar as decisões sempre coletivamente, o que não lhe permite ter um ponto focal onde concentrar seus esforços de negociação. É difícil ler os caras. Então, negociar com japoneses é complicado.

Negociar com coreanos é bem complicado. Os caras que decidem têm sempre um par local nas companhias, que funciona como um anteparo. É como se cada executivo coreano tivesse um avatar nativo – um profissional graduado, mas que no fundo não pode decidir muita coisa sem consultar o seu contraponto coreano. Os caras que decidem, portanto, se escudam, ficam invisíveis na estrutura e são ainda mais voltados para dentro do seu círculo étnico do que os japoneses. Então, negociar com coreanos é complicado.

Da mesma forma, negociar com chineses, alemães, russos, franceses, canadenses, mexicanos, holandeses é bem complicado. Quer saber? Difícil mesmo é fazer negócios.

Eu jamais proporia a alguém que trabalhasse de graça. E você?

Nas últimas semanas, recebi quatro propostas para trabalhar de graça. Pois é. Trabalhar sem receber.

Fiquei pensando, diante dessas propostas, que talvez os proponentes pudessem ter entendido que não vivo do que faço, que estou aposentado, vivendo de renda ou sob a unção de um mecenas, enfim, que não sou um profissional atuando no mercado, e que, portanto, poderia ceder-lhes gentilmente minha capacidade de trabalho, de graça.

Na visão deles, como um "amador" ou diletante, eu poderia colaborar com os seus intentos, certamente condoreiros, sem me preocupar com itens rasteiros como pagar o aluguel, ou os sapatos que calço ou a gasolina que coloco no carro. Eu também poderia, decerto, abrir mão de uma remuneração proporcional aos anos de formação que me transformaram no profissional que lhes chamou a atenção e que eles decidiram chamar para colaborar.

Como se a inteligência que acumulei, as competências que forjei, os talentos que lapidei ao longo dos anos, o conhecimento que investi tempo e dinheiro para construir – tudo isso tivesse valor aos olhos dos meus contratantes, mas ao mesmo tempo não tivesse valor algum.

Esse tipo de convite é um jeito estranho de elogiar e de destruir o convidado ao mesmo tempo: "Queremos que você venha, mas desde que você tope vir de graça, porque em hipótese alguma nós vamos lhe pagar pelo seu trabalho."

Diante desse paradoxo, que faz um carinho e cospe na cara no mesmo gesto, o convidado fica na dúvida: eles gostam do meu trabalho, têm interesse em ouvir o que eu tenho a dizer, ou me consideram apenas alguém que não merece mais do que zero e que só está sendo chamando como paliativo por não poderem pagar alguém bom de verdade? Se pudessem pagar, me convidariam ou investiriam seu dinheiro em outra pessoa?

Será que aqueles contratantes também atuavam sem receber salário? Não lhes perguntei. E perdi ali, talvez, a oportunidade de aprender como viver de vento. Se eles trabalhavam de modo remunerado, e estavam propondo trabalho não remunerado a outro profissional, nos deparamos com um problema filosófico importante. O trabalho deles vale mais do que o meu? Mas, então, por que estão me chamando, se não valho nada?

É assustador como a turma se sente tranquila fazendo generosidade com o tempo alheio e com a capacidade de trabalho dos outros. Quando você percebe, está metido em um projeto em que todo mundo ganha, de alguma forma, menos você. No mínimo, há sempre a diretriz de não incorrer em prejuízos. E a sua participação graciosa pode representar uma economia que precisava ser feita. Sempre há custos. Então há sempre uma verba, algum tipo de equação econômica montada em torno desses projetos – mesmo os mais "amadores".

Quando você percebe, enquanto está se doando, tem um monte de gente recebendo o seu: o hotel, a gráfica, a companhia aérea, a empresa que provê alimentação e bebidas, as recepcionistas, os manobristas, o pessoal que filma e fotografa, a moça que limpa o salão e os banheiros, o cara que monta o palco etc.

Alguns fornecedores são chamados à graciosidade ou ao escambo. Alguns dizem sim, outros dizem não. Alguns apresentam seu preço e recebem pelos serviços que prestam. Outros, não. É sua decisão ficar de fora ou não da planilha de custos do projeto, de ser remunerado ou não. Se achar que vale, que essa gratuidade que lhe está sendo solicitada vai lhe fazer bem, vá nessa. Se não, decline sem constrangimento.

Às vezes, trata-se de pura canhestrice de quem está lhe consultando. O sujeito tem um negócio capenga, que funciona na base do favor e da abnegação alheia, como uma espécie de Hollywood esquisita em que os produtores contam com que atores e diretores e roteiristas trabalhem de graça. O sujeito aluga a câmera, o estúdio e a iluminação, e paga motoristas e eletricistas e cabeleireiros, só não tem verba mesmo para pagar quem vai escrever, dirigir e estrelar o filme. Às vezes, a lógica é essa. E, de novo, é você que vai decidir se vai contribuir com essa equação ou se prefere ficar de fora.

Há outras variações nas propostas de trabalho de graça. Desde gente que chama jovens profissionais para trabalhar sem salário, à guisa de "aprender" e de "ganhar experiência", até gente que chama empresas estabelecidas, como já aconteceu comigo, para trabalhar sem remuneração. O cara me serviu um cafezinho e me disse, na caradura, que eu deveria investir nele, como cliente. Que eu não ganharia nada para fazer aquele trabalho que ele estava demandando, mas que era uma oportunidade de nos conhecermos e de eu crescer junto com ele – além disso, minha empresa ganharia muita visibilidade se eu fizesse um trabalho bem-feito para a empresa dele.

Mas como investir num cliente que lhe faz uma proposta dessas? É preciso entender que uma parceria assim não é uma parceria. E que um relacionamento que começa abusivo desse jeito tende a se tornar ainda mais cáustico.

Em lugares mais civilizados, como Estados Unidos ou Japão, até quando você vai fazer um favor para alguém essa pessoa faz questão de lhe retribuir de alguma forma. Há um respeito muito grande pelo tempo e pelo trabalho da outra pessoa. Coisa que nos falta por aqui.

Outra situação, bem diferente dessa, é fazer trabalho voluntário. Coisa que faço e recomendo. Mas aí é doação de tempo e competência que você faz por uma causa em que acredita ou por alguém que deseja ajudar. Não é apropriação indevida das suas horas e do seu talento por outro agente econômico – o que é pura falta de respeito.

Se isso lhe acontecer, se você for convidado a trabalhar de graça, para ganhar "experiência" ou "visibilidade", não esqueça de agradecer ao seu interlocutor. Ele estará lhe dando uma excelente oportunidade de você lhe dizer um rotundo "não".

Empreendedores e executivos do primeiro time gostam tanto de dizer "sim", e de fazer negócios, e de se engajar em novos projetos, que quase não dizem "não". Então essas propostas deselegantes nos dão, antes que tudo, uma oportunidade para nos expressarmos. Só não vale perder as estribeiras, levantar a voz, essas coisas. Tirando isso, pode enunciar com clareza sua indignação.

QUANTOS CLIENTES DE VERDADE VOCÊ TEM?

Afinal, o que é um cliente? O que difere um cliente de um *prospect* ou de um ex-cliente? Como saber se você tem de fato uma relação que vai florescer e ser boa para ambos ou se vocês dois estão apenas se iludindo e perdendo tempo numa espécie de antiparceria fadada ao fracasso e à frustração?

Acho que dá para definir o que é um cliente a partir de três características principais. Basta uma dessas premissas não estar lá para que o melhor a fazer seja acender a luz amarela.

1. CLIENTE É ALGUÉM QUE RECONHECE
QUE PRECISA DOS SEUS SERVIÇOS

Se o sujeito precisa de você, mas não sabe disso, ou se não gosta de admiti-lo, nem para você nem para ele mesmo, ele não é *cliente*. Cliente não compete com o fornecedor. Ao contrário: cria as melhores condições para que você preste a ele o melhor serviço possível. Cliente quer que você trabalhe bem e admite a sua presença na vida dele, de coração aberto, porque sabe que não domina o que você faz e que precisa comprar no mercado o tipo de serviço que você presta.

Cliente o vê como o especialista que ele escolheu para supri-lo naquela determinada especialidade, que não é a dele, e da qual ele precisa. Cliente que sabe ou quer saber mais que você não é cliente. É professor – aí é você que deveria contratá-lo. Ou então é um chato – e é muito chato trabalhar para chatos.

2. CLIENTE É ALGUÉM QUE
ADMIRA O SEU TRABALHO

Se o sujeito vive insatisfeito com o seu trabalho, vive criticando o que você faz e não demonstra nem respeito nem admiração pelas suas entregas, ele não é *cliente*. Cliente é aquele que lhe escolheu porque sabe que você lhe oferece a melhor solução que ele encontrou no mercado, ou a melhor relação custo/benefício na sua especialidade. Cliente não escolhe um fornecedor sonhando com outro – e se o faz, tem a maturidade de arcar com as consequências disso e não exige que um cachorro-quente se transforme, a pau e corda, numa lagosta. Cliente não compra uma especialidade e exige outra, nem combina um escopo e depois cobra outro, diferente e maior.

Cliente sabe que cada entrega tem seu valor intrínseco, que só pode ser flexibilizada (leia-se: estendida) até determinado ponto. E cliente sabe que tentar roubar nesse jogo é inútil e só traz desgaste, ansiedade e desalinhamento de expectativas. Cliente que se dedica a espezinhar o fornecedor não é cliente – é um marido (ou uma mulher) que adora brigar, e que está em busca de um casamento tumultuado, baseado no insulto velado (e às vezes explícito) e no ódio silencioso (e às vezes audível). Você quer isso para si?

3. CLIENTE É ALGUÉM QUE ESTÁ DISPOSTO A REMUNERÁ-LO CONDIZENTEMENTE

Se o sujeito acha que você deve trabalhar para ele de modo sub-remunerado, ele não é cliente. Cliente está disposto a pagar um preço justo pelo seu tempo, pelo seu trabalho, pela sua assessoria, pelo seu expertise. Cliente não tenta dilapidar o seu fornecedor, nem acha que está fazendo um favor ao seu prestador de serviço ao contratá-lo. Cliente sabe que a relação entre vocês não se resume a dinheiro saindo do bolso dele – ele sabe que está recebendo algo bom e justo em troca do *fee* que lhe paga.

Cliente sabe que tem o direito de negociar o seu preço e de cobrá-lo pela entrega – mas também compreende que não existe almoço grátis. Cliente sabe que a melhor relação com um fornecedor é a de parceria – uma relação de longo prazo e não de fôlego curto. E cliente sabe que bons fornecedores sempre trabalham *com* o cliente, muito mais do que *para* ele.

Cliente que opera fora desses mandamentos não é cliente. Mantenha distância.

Encante seu cliente – mas não se deixe tiranizar por ele

Só há um jeito de atender bem seu cliente: tratar o problema dele como se fosse seu. Ser mais realista que o rei e encarar o problema do seu cliente com mais sofreguidão do que ele próprio. Isso é atendimento. O resto é musiquinha de espera no telefone.

Atender bem é ser o cara que não esquece do cliente nem do seu pleito mesmo quando o próprio cliente já não se lembra da questão ou já desistiu de tentar resolvê-la.

É fazer o cliente se sentir realmente ouvido, compreendido e relevante para quem lhe presta serviço, como se o atendente não fosse dormir, pensando no caso, enquanto o próprio cliente ronca sobre o travesseiro.

Atender bem, com padrão de excelência, é isso: antecipar tudo que pode dar errado, agir na falha antes que ela aconteça. Ou corrigir a falha, e compensar o incômodo, assim que eles acontecem. Isso custa os dentes a quem presta o serviço, é claro. Mas é o grande ativo de qualquer relacionamento comercial duradouro.

Quem paga para receber alguma coisa tem que sentir que é prioridade absoluta para quem está na posição de produzir e entregar aquela coisa. De modo a continuar pagando satisfeito por ela. Ou mais do que satisfeito: encantado. (Cliente satisfeito é o cara que recebe tudo conforme encomendou. Cliente encantado é o que recebe mais ou melhor do que estava esperando.)

Pouca gente faz isso. Porque é difícil pacas. Melhor para quem faz.

Agora, um detalhe: é preciso perseguir sempre a excelência no atendimento aos clientes – sem se deixar tiranizar por eles.

No empreendimento, você se livra dos chefes. Em compensação, você ganha os clientes. Eles são a razão da existência da sua empresa. São o ponto focal do seu trabalho. Mas também podem representar uma fonte inesgotável de angústias.

Tem cliente bom. Que olha no olho, diz a verdade, procura ser justo. Cliente que é parceiro, que abre as portas e mostra o caminho.

E tem cliente ruim. Que está sempre indisponível, distante, que não lhe ajuda a prestar bem o serviço pelo qual lhe contratou. Quase como se desejasse que você falhasse – para poder lhe espezinhar. Um cara que prefere explodir lá adiante, ao invés de desarmar a bomba de antemão. Como se preferisse ter do que reclamar do que ter que agradecer.

Ou então é um cliente que gosta de operar relações abusivas com seus fornecedores, que vive em queda de braço permanente com quem trabalha para ele, disputando migalhas, questionando vírgulas, espicaçando, agindo com má-fé extrativista.

Sim, também há *bullying* entre empresas.

Sim, há clientes que pegam no pé de fornecedores, clientes que gostam de perseguir quem está sob contrato.

E, sim, há relações empresariais que são injustas e desrespeitosas. (Não há melhor lição prática, para compreender o que é abuso de poder econômico, do que negociar, sendo uma empresa pequena, com a mesa de compras de uma grande corporação.)

A arte de servir é rarefeita. E cheia de arestas. Ao mesmo tempo que é preciso ser leal, prestativo, célere; e em que não é possível sobreviver sendo leniente, descuidado, descomprometido, é muito importante não se deixar abusar.

É fundamental estabelecer um limite a partir do qual não será mais possível chupar o limão quieto, absorvendo o desconforto em silêncio, em nome de não gerar atrito na relação com o cliente.

Cada um saberá estabelecer essa linha. Esse é um limite importante. Inclusive para lembrar ao cliente que uma relação harmônica, equilibrada e sustentável requer cuidado dos dois lados, requer paridade e reciprocidade. Se um se espraiar e o outro permitir, vira uma relação sadomasoquista, entre mestre e servo.

De vez em quando, é útil refletir sobre os exageros de atender bem. Quando você acostuma seu cliente a receber 150% do que ele encomendou, ele começará a ver uma entrega de 130% do combinado como uma performance pífia. E vai querer 200% – mesmo continuando a pagar apenas o equivalente aos 100% acertados lá atrás.

Atender bem, enfim, não significa desrespeitar a si mesmo. Atender bem significa gerar a melhor entrega possível, no limite das suas competências e também daquilo que foi contratado, de modo sustentável, mantendo intacta a sua dignidade.

O resto é indevido. O resto não deve ter lugar. Não esqueça: tem muito cliente por aí pronto para usar a sua boa vontade contra você.

Os inacreditáveis cafetões do mundo do trabalho

Sabe qual é a pior parte de ser ludibriado por um cafajeste? É que você sabia, ainda que inconscientemente, desde o começo, com quem estava lidando. E mesmo assim se deixou seduzir pelo charme da malandragem.

Esses dias, um amigo me chamou a atenção para um fenômeno: as empresas que trabalham pra caramba para não terem que trabalhar. Os caras correm feito loucos para poderem ficar parados.

Esse funcionamento é relativamente comum. Mas nem sempre enxergamos com clareza o seu mecanismo. Meu amigo me emprestou sua visão de raio X. Aí eu vi. E compartilho aqui com você.

Há estruturas empresariais – algumas grandes, com dezenas, centenas de funcionários – que são montadas e que se movimentam, às vezes intensamente, para não precisar entregar aquilo que é vendido. Meu amigo chamou isso de "simulação do trabalho" – uma coisa que, não raro, dá mais trabalho de fazer do que o trabalho em si.

Esses são os profissionais que se especializam em justificar o que não foi feito – ao invés de fazer. Se trabalhassem, se entregassem, se fossem honestos com seus clientes, sua vida seria mais fácil. Com frequência, sustentar uma mentira é muito mais difícil do que dizer a verdade. Ser malandro demanda muito mais do que simplesmente ser honesto. Mas tem gente cujo talento não está em trabalhar de verdade. Caras assim não são gestores. Dão uma banana para preocupações como eficiência ou qualidade ou excelência ou satisfação ou propósito. O negócio deles é manter a máquina girando, e o dinheiro entrando, com o menor esforço possível. Esse é o jogo que eles sabem jogar – "como eu faço para tirar o máximo entregando o mínimo?"

Então o sujeito não mira no melhor que ele pode entregar, no máximo que pode fazer dentro daquele contrato – ele, ao contrário, foca no mínimo de energia que precisa despender para não perder aquele faturamento e aquela margem de lucro.

Gerar cases inesquecíveis? Ah, para com isso, não seja piegas. Escrever a própria lenda? Um baita clichê. Ademais, a vida dele acontece fora dali. Zelar pela própria reputação? Ele resolve isso depois, mandando um presente caro, enchendo o cliente de mimos como pessoa física – exatamente para poder continuar maltratando-o como pessoa jurídica.

Esse cara se relaciona com o trabalho como um cafetão. E, portanto, trata seu cliente com a frieza e o sorriso falso que os caftens dedicam aos "clientes" deles, na rua ou no bordel. E esse cara trata seus próprios funcionários como o cáften trata as suas meninas.

Ou então pense nisso como uma corte à moda antiga, como um exercício de sedução falocêntrica (embora existam cafajestes do gênero feminino também) – depois que você foi para a cama, a caixa registradora tilinta e você já não importa mais, virou um escore, virou mais um tento.

Esses são os estelionatários de serviços, os especialistas em entregar vento. Os bicos-doces, mestres em falar bonito e não dizer nada. Os pavões de reunião – que no minuto seguinte viram corvos. Os gigolôs de cliente, que abusam de quem os sustenta. Os grandes enganadores do mundo corporativo.

Mas quem resiste à sedução da malandragem? Num país de malandros, o malandro acaba se revestindo de um charme cafajeste – e sendo querido por isso. Os outros, os otários, se sentem frustrados por não serem malandros também. O que constitui um desdém à honestidade. E um elogio à malandragem – que exime o cafajeste e contribui para a sua glorificação.

O sambarilóve é um esporte. Uma instituição, um universo, um jogo. As pequenas trapaças do dia a dia são os pontos que o sujeito vai marcando nesse placar. Para quem sabe brincar disso, é pura diversão.

Por isso, quando o grande vendedor aparecer na sua frente, e você desconfiar da sua capacidade de entregar aquilo tudo que ele está prometendo, e quando você duvidar da sua própria dúvida, ao imaginar que é impossível que alguém seja tão cara de pau a ponto de mentir daquele jeito, e quando você estiver prestes a dar o braço a torcer e a baixar a guarda porque, afinal, ninguém poderia se manter tão sério num discurso de vendas tão agressivo se não tivesse nada a entregar, saiba que, sim, sujeitos assim, malandros, cínicos existem. E que passar gente pra trás é uma perversão que eles nutrem faceiros, sem drama de consciência, desconforto moral ou crise ética.

Quando você ouvir o próximo canto da sereia, e se perceber sendo atraído irresistivelmente por aquele sujeito de sorriso cativante, cheio de maneirismos, com topete inabalável, bem postado à sua frente, com blazer respeitável e sapato bem lustrado, tente enxergar além, tente ler nas entrelinhas.

Talvez você encontre ali, por trás daquele rostinho de Branca de Neve, as feições da Bruxa do Norte.

O PARADOXO DO VENDEDOR

Às vezes, o discurso de vendas fica tão bom que se desconecta da realidade daquilo que ele busca vender.

Primeiro, você tem uma boa ideia de negócio, de produto, de serviço.

Essa ideia é desenvolvida, lapidada, escrutinada pelas pessoas que se envolvem no seu nascimento. Que valor ela entrega, como ela vai entregar esse valor? Que problema ela resolve, que demanda ela atende? Qual é o público, qual é o mercado? Quais são os custos, que talentos será necessário arregimentar, que preço será possível praticar? A ideia então ganha feições de projeto, ganha escopo, estabelece um potencial, vira um plano de negócios.

Por fim, amadurecida pela discussão interna, a ideia recebe um nome, um logotipo, e se vê estampada numa apresentação. É quando aquela ideia, tornada projeto, com uma proposta comercial anexada, começa sua carreira no mundo, diante de "estranhos", pela primeira vez enfrentando a vida fora da convivência da "família" que a gerou.

Esse é o momento em que você vai vender aquela ideia aos outros. É quando o projeto ganha uma intenção comercial – crucial à sua sobrevivência. A história por trás do projeto, sua lógica interna, as intenções que o fundaram viram uma sinopse. Viram um discurso que você, na função de arauto da ideia, trata de carpir da melhor forma possível. Estabelece-se uma promessa. Surge o *pitch* de vendas.

Então acontece o fenômeno: de tanto repetir e polir esse discurso, tem uma hora em que você já não sabe se o *pitch* de vendas é mesmo real, se corresponde de fato à verdade, se você realmente acredita naquilo tudo que está dizendo.

Ou se você apenas está repetindo um discurso competente que criou e que a cada reunião vai se depurando mais, ficando mais sonoro, mais convincente – e mais desconectado da vida real.

Claro que o discurso foi criado a partir de uma crença original, de uma visão autêntica e sincera da realidade. No entanto, você já não sabe, de tanto falar sobre o projeto, e explicá-lo, e vendê-lo, se sua fala ganhou vida própria em relação ao próprio projeto. Como uma descrição da coisa que se despega da própria coisa que deseja retratar.

Apesar da intenção original do discurso, que era, antes que tudo, traduzir aquela ideia, capturá-la, detalhá-la, contar o que ela é, como surgiu e para que serve, às vezes parece que o *pitch* de vendas fica mais importante que a proposta em si. É quando a intenção de vender sobrepuja a intenção de esclarecer. É quando a fala idealiza, emoldura, maquia, edita a realidade – e, portanto, trai sua missão original, que era representar e explicar a realidade. A narrativa acaba crescendo, ganhando protagonismo, ficando mais forte, mais bonita e mais atraente do que o mundo real.

Isso acontece com frequência com discursos de venda. Se você parar para pensar, já deve ter ocorrido com você. Mas penso que acontece também com qualquer discurso engajado. E não estamos falando de má-fé. Estamos falando do arco percorrido por *pitches* absolutamente honestos e bem-intencionados.

Em última análise: é possível falar sobre alguma coisa na qual você acredita, pela qual você torce, da qual você gosta, a qual você deseja promover, sem se perder da essência dessa coisa em nome da construção de um discurso sobre ela?

Mais: é possível falar de alguma coisa, qualquer coisa, sem alterá-la para que ela pareça melhor, até o ponto de não se parecer mais com ela mesma? É possível expressar uma verdade com força e graça sem que, com isso, ela se torne uma mentira?

Para sobreviver na Nova Economia

Tem um novo jeito de trabalhar, de produzir, de ganhar dinheiro e de se realizar profissionalmente que está fazendo a curva ali na esquina e vindo direto pra cima da gente.

Trata-se de um novo paradigma que está se firmando, no Brasil e no mundo, e que está suplantando o jeito tradicional de conduzir uma carreira. Ou de pensar um negócio.

Como toda revolução que dá certo, que pega e se alastra, essa também vai acontecendo e ganhando terreno a partir de vários focos de ruptura que acontecem em paralelo, ao mesmo tempo, de modo aparentemente desconexo. Até que nos damos conta de que todos esses pequenos movimentos, que vêm da base para o topo, estão apontando para o mesmo lado.

Essa sincronicidade cresce até que um sentimento coletivo, de movimento, faz os indivíduos perceberem a força e o potencial do que estão fazendo em conjunto, mesmo sem saber. Os sinais fracos se tornam fortes. Aí esses pioneiros já não são *indies* ("independentes") ou *weird* ("esquisitos") – eles se tornam *mainstream*, viram o novo padrão. É quando a mudança sai do gueto, conquista o mundo e se torna influente e irreversível.

Ainda não há um nome definitivo para esse novo paradigma. Podemos chamá-lo de "Nova Economia". Ou de "economia pós-industrial". Ou então de "economia criativa". Trata-se de um lugar – e, antes de um "lugar", um *modus operandi* – marcado por "empresas líquidas" e por "relações efêmeras", em que o indivíduo importa, proporcional e relativamente, muito mais do que as instituições às quais se conecta.

"Empresas líquidas" são comparativamente menores, mais leves, mais flexíveis, mais ágeis, mais adaptáveis e mais rápidas do que as organizações empresariais tradicionais. São empresas individuais, ou formadas somente por sócios, sem funcionários, ou com poucos funcionários (e muitos parceiros e fornecedores) em que os custos fixos são trocados por custos variáveis, em que os processos são mais simples, em que o controle dá espaço à criatividade, em que a cultura é de resultados e de velocidade e de inovação.

As "empresas líquidas" não buscam ser grandes – elas querem ser apenas muito boas no que fazem. A estrutura é a mínima possível. Não há secretárias, o *home office* (ou "escritório em casa") é incentivado, as pessoas trabalham por projetos e não por horário, o faturamento não interessa tanto quanto a margem operacional.

E a grande ambição, nas "empresas líquidas", não é enriquecer, mas viver e trabalhar bem, com felicidade e realização. Muito mais do que a lógica meramente financeira de bater metas e de crescer a qualquer custo, das empresas tradicionais, na economia pós-industrial as empresas fazem parte da vida de quem trabalha nelas – *business as a lifestyle* (algo como: "negócios atrelados ao estilo de vida de quem as produz").

As "relações efêmeras" representam o novo jeito de nos relacionarmos, nesses tempos velozes, em que nos movimentamos no tempo e no espaço com um dinamismo inédito. "Relações efêmeras" tornam um pouco obsoleto o conceito de trabalhar 30 anos no mesmo lugar.

Já vimos que a geração digital é curiosa, quer experimentar mais coisas, quer estar em mais lugares, conhecer mais pessoas e situações diferentes, ampliar as perspectivas. A falta de paciência é uma marca dessa geração que nasceu sob a égide da velocidade e da autonomia – e que não abre mão da sua liberdade de ir e vir, e de pensar e de fazer.

No mundo do trabalho, as "relações efêmeras" implicam um novo jeito de profissionais e empresas se relacionarem. Os talentos agora são ambulantes, não são mais propriedades de uma determinada instituição. E gostam de ser vistos e respeitados como competências que circulam pelo mercado não em busca de emprego, mas à procura de projetos; não em busca de trabalho, mas à procura de oportunidades para a produção de cases; não em busca de grana, mas à procura de equilíbrio entre seus vários interesses, entre vida pessoal e vida profissional, entre trabalhar, aprender e se divertir.

Isso tudo é fundamental para esses novos profissionais – especialmente a sensação de não estarem presos a nada nem a ninguém. Trata-se de uma gente que não quer emprego. E nem empreender nos moldes tradicionais.

Essa turma quer ir trabalhar de bicicleta. Quer trabalhar em várias frentes ao mesmo tempo. Quer tempo para ficar na internet até o raiar do sol ou passar um dia inteiro lendo um livro que lhes interessou. Trata-se de um bicho diferente. Uma espécie fascinante. E não necessariamente fácil de se trabalhar junto. Você está preparado para eles?

COMO CRESCER SUA EMPRESA MANTENDO ESPÍRITO DE *STARTUP*?

Toda grande empresa já foi uma *startup*, já trouxe uma mudança ao mercado, quebrou um paradigma, atendeu a uma necessidade de um jeito novo, e deu certo com a sua oferta de valor.

Rapidamente, no entanto, a empresa que quebra o paradigma anterior passa a defender com unhas e dentes o novo paradigma, que ela criou. Aí os nômades viram sedentários e os caçadores viram agricultores. E quem trazia a mudança vira um inimigo das transformações, e quem era o arauto do novo se torna avesso às novidades. E quem assumia os riscos de fazer diferente perde a coragem de sair da área de segurança. E quem era inovador, às vezes disruptivo, se torna um mero reprodutor de atividades padronizadas – um sujeito quase sempre apartado, por vontade própria, da inspiração e da criatividade.

Quando você troca o sonho pelo ceticismo, esse é o momento de acender a luz amarela, parar por um instante e refletir se é isso mesmo que você quer fazer com sua carreira, com seu empreendimento e com sua vida.

Toda *startup* quer se estabelecer. E é justo e lícito que o deseje. Só que, ao se estabelecer, ela se torna um estabelecimento. Porque é isso que empresas são: *estabelecimentos*. E aí ela passa a operar pela lógica e pelas regras do *establishment*.

Para a *startup*, a questão é: como crescer, e complexificar a sua estrutura e a sua operação, e passar a atender mais clientes e a faturar mais, e ter mais funcionários e mais entregas a realizar, gerando escala e um padrão de qualidade reprodutível, sem, no entanto, perder a curiosidade, a ousadia, a agilidade e a coragem?

E sem se deixar também paralisar pelo medo do erro. Há quem diga que só é possível aprender errando. E que é por isso que as corporações, ao contrário das *startups*, têm uma capacidade menor de aprender (e, portanto, de absorver o novo e de se adaptar a ele): elas combatem o erro, o proíbem, o tratam como pecado ou tabu. Quando não há rupturas (e erros são isso: quebras com polaridade negativa), também não há *disrupção* – quebras com polaridade positiva que muitas vezes reinventam negócios moribundos ou empresas fadadas à obsolescência.

Para a grande empresa a questão é: como eu continuo realizando minhas entregas com qualidade, e resolvendo com excelência o meu *presente*, honrando a reputação que angariei no *passado*, sem deixar de olhar para o *futuro* com frescor e o entusiasmo e a mente aberta e a sede santa de um aprendiz?

Ou você desenvolve essa capacidade de enxergar e de sentir como um *newcomer* ("recém-chegado"), e mantém vivo esse desejo de construir (e de descontruir e de reconstruir), ou você estará assinando previamente a sua certidão de óbito – que, tenha certeza, será lavrada em cartório pelos seus competidores mais lépidos com máxima agilidade.

A IMPORTÂNCIA VITAL DOS INOVADORES CORPORATIVOS

Viva os inovadores corporativos. Viva os executivos que levam o empreendimento para dentro das grandes corporações. Eles são a face menos visível do ecossistema da inovação e do empreendimento no Brasil – mas sem eles esse ecossistema não existiria.

Não é preciso abandonar o emprego para inovar. Não é preciso abrir uma *startup* para se tornar um *maker*. Não é preciso usar camisa xadrez e deixar crescer a barba para adotar uma postura hacker diante dos negócios e da própria carreira.

É possível ser disruptivo dentro de uma grande corporação. É possível, como executivo, ser um transformador, um agente de mudanças, um desafiador dos velhos paradigmas estabelecidos. Não é preciso abrir mão do carro na garagem, do celular da firma e dos benefícios corporativos para ajudar a inventar o futuro.

Não é só num espaço de *coworking* ou numa garagem que o empreendimento acontece. A jornada dos inovadores corporativos é importantíssima. Inovar numa *startup* é desafiador e, por vezes, heroico. Inovar dentro de uma grande corporação também.

O trabalho do inovador corporativo é fundamental para a existência do próprio ecossistema do empreendimento e da inovação. Ele é o cara que primeiro confia nas novas iniciativas. Que não teme – e, ao contrário, incensa – os novos paradigmas. Ele é o cara que ofereceu os primeiros contratos a quem estava começando e muitas vezes só tinha uma ideia disruptiva e o próprio potencial de trabalho para oferecer.

O inovador corporativo é o cara que constrói a ponte (não raro às custas de muito desgaste pessoal) entre a economia industrial, tradicional, e a nova economia, pós-industrial, digital. Ele é o cara que traz para dentro da firma conceitos como *design thinking*, trabalho colaborativo, *lean startup*, *wisdom of the crowd*, inovação disruptiva, design de experiências. Ele faz essa tradução, conecta essas pontas, promove essa colisão criativa.

O inovador corporativo é o cara que, internamente, chama a atenção da turma, que está totalmente focado no que a empresa está vendendo hoje, para aquilo que as pessoas vão querer comprar amanhã.

Ele trabalha no *establishment*, para o *establishment*, e, no entanto, ele luta contra a poeira e a inércia do *establishment*. Empresas são avessas à ideia de bulir com o sucesso que obtiveram um dia e que tentam conservar a todo custo. Empresas são entes conservadores, que buscam repetir até a morte (às vezes, literalmente) os modelos que deram certo no passado.

O inovador corporativo crê no novo. Acha que sempre dá para fazer melhor. Que a mudança é constante, que a tradição conta cada vez menos — e que nutrir uma mente aberta, alerta, voltada para o futuro, conta cada vez mais. Ele tem a certeza de que se a corporação não reinventar o seu negócio, alguém o reinventará por ela.

Ele opera à frente do seu tempo, está sempre empurrando adiante. Seu trabalho santo é convencer, catequizar, evangelizar. Isso tem um preço. Por vezes, alto. Isso cansa. Faz com que ele muitas vezes pense em desistir. Ou sair da corporação. Ou então se acomodar ali, raspar o fio da própria lâmina, se tornar mais confortável aos outros, e seguir com a manada, para onde quer que ela vá.

Sua posição não é fácil. Mas é sagrada. A incompreensão que lhe fustiga é fruto, às vezes, de pura ignorância dos demais. E é fruto, às vezes, da defesa de interesses que estão estabelecidos.

O inovador corporativo é o cara que prega no deserto. O cara que nada contra a maré. O cara que levanta a mão para dizer que o rei está nu. O desbravador que adentra territórios desconhecidos — antes que eles sejam conquistados pela concorrência.

Se o trabalho dos inovadores que estão fora da empresa é, muitas vezes, obsolescer a grande corporação e derrubar líderes, o trabalho do inovador corporativo é ajudar a grande empresa a permanecer relevante, a se manter na liderança — mesmo muitas vezes tendo, para isso, que se reinventar inteira. (O que é a pior coisa que você pode pedir para uma grande empresa fazer.)

Muito (e muitos) depende do inovador corporativo. Do seu trabalho, do seu tino, dos seus esforços. Seu suor é abençoado. Não apenas a corporação necessita da sua visão. Mas todo o ecossistema de inovação que opera fora da grande empresa.

Seu trabalho de conectar os revolucionários à causa da corporação, de atrair os rebeldes, de nutrir esse relacionamento, confiar neles, contratá-los, muitas vezes contra o desejo imediato deles mesmos e contra os humores da própria corporação, é inestimável.

A pujança de um ecossistema de inovação e de empreendedorismo não se deve apenas aos empreendedores criativos – mas depende muito do trabalho dos inovadores corporativos.

Se você é um deles, eis o que lhe digo: não desista. Porque é seu o nosso reconhecimento, o nosso agradecimento, a nossa admiração. E porque é seu o reino dos céus.

Cocriar com seus consumidores é fácil. Duro é botar seus executivos para trabalharem juntos...

Cocriação é um dos clichês da Nova Economia – também conhecida como economia pós-industrial. A capacidade de cocriar, ou de criar junto, é também uma das ferramentas mais básicas do trabalho colaborativo – que é outro clichê desse novo ambiente.

Então esqueçamos o *hype*, o jargão, o verniz glamouroso. Falemos de cocriação e de trabalho colaborativo como instrumentos de uso prático para a obtenção de melhores resultados para a sua empresa.

Cocriar, em essência, é trazer uma ideia para uma mesa composta por outras pessoas, todas com igual acesso à vez, à voz e a voto, com a convicção de que o que importa é o projeto coletivo que sair dali – e não as ideias individuais que entraram lá no começo.

Quanto mais variadas forem as visões que compuserem essa mesa, quanto mais diferentes forem as competências e as experiências e os pontos de vista dos participantes, melhor. No mundo da Nova Economia, diversidade é uma coisa boa. E a uniformidade e a conformidade são coisas que tendem à burrice.

Para cocriar, é preciso contar com um processo bem montado. Uma metodologia que organize o trabalho colaborativo e o torne eficiente e produtivo. ("Facilitador" é uma das novas profissões da Nova Economia – uma função cada vez mais importante e valorizada. Trata-se do talento de conduzir gente muito diferente na direção de um resultado consensual, respeitando e preservando as diferenças, sem perder o foco nem o ritmo, tirando o melhor das colisões criativas que acontecerem pelo caminho. Quem se habilita?)

Para cocriar, é preciso, antes de tudo, deixar do lado de fora da sala o ego, a vaidade, a cultura de competição, o sentimento de defesa (e de conquista) de territórios, a sede de *copyright*. (É preciso, na mão contrária, começar a pensar em novos conceitos, *copyleft* ou *creative commons*.)

A cocriação é um processo criativo muito eficaz – que exige que aprendamos a colaborar, a somar, a trabalhar em equipe e em rede. Isso não significa se anular – mas contribuir e potencializar os demais, se permitindo também ser potencializado por eles. É preciso acreditar que pensar junto é melhor do que pensar sozinho, e que grandes obras nunca são construídas por um único indivíduo.

Portanto, cocriar, criar junto, em tese, é simples. No entanto, na prática, se revela uma coisa extremamente complicada de fazer. Exige gente madura, segura de si, que sabe influenciar o ambiente ao redor sem avassalar o espaço alheio. Gente sem o complexo do "herói solitário". Gente que sabe dizer sim. E que sabe dizer não. E que sabe *ouvir* um não.

Gente desapegada das disputas mezinhas, das pequenas medalhas de lata da vida corporativa – e interessada nos grandes resultados, em construir, lá adiante, algo maior. Um legado. Uma obra relevante. Gente disposta a trocar o verticalismo e as ordens de cima para baixo por relações horizontais e pelo diálogo. Não porque isso é politicamente correto – mas porque é mais eficiente e rentável para a empresa.

No mundo real, habitado por seres humanos como você e eu, que nem sempre reflete o que se lê nos livros de inovação ou o que se ouve em palestras bacanudas, esse perfil e essa disposição são coisas raras.

Se no próprio mundo da Nova Economia, do trabalho colaborativo, da sociedade em rede, a colaboração genuína já é uma raridade; o desapego, o exercício da confiança e da generosidade já são desafios monstruosos, imagine no mundo da economia industrial, essa velha senhora definida pela lógica da escassez (e não pela lógica da abundância), pela informação sendo armazenada como arma num arsenal montado para machucar competidores (ao invés de ser distribuída e potencializada entre possíveis colaboradores), pela compreensão do dinheiro não como um meio para realizar ainda mais, mas como um fim com o único objetivo da acumulação.

Na Nova Economia, dos processos de *open innovation*, do empreendedorismo criativo, da cultura *maker*, da visão de mundo e do espírito *hacker*, a cocriação está virando um alicerce, um jeito quase obrigatório de pensar e de tocar projetos. Afinal, um projeto nascido da cocriação já vem à luz meio testado, vivido, marinado, com mais anticorpos em relação aos obstáculos do mundo real do que um projeto arquitetado antissepticamente dentro de quatro paredes, num ambiente irreal, sob a batuta de uns poucos escolhidos, de modo secreto e anal-retentivo.

Na economia convencional, ao contrário, cocriar tem se mostrado um problema. As corporações até conseguem estabelecer ambientes e relações em que conseguem criar junto, por exemplo, com consumidores e fornecedores. Mas há, no mundo das grandes empresas, um tipo de cocriação anterior, mais urgente, que tem se mostrado muito mais difícil de realizar: colocar os executivos para trabalhar juntos, fazer com que departamentos da própria empresa colaborem entre si.

Levar a lógica da economia colaborativa para dentro da corporação, estimulando pares a operar numa cultura de troca e de compartilhamento – e não de guerra e de sabotagem –, é, talvez, a grande barreira a ser removida para a entrada das grandes empresas no jogo da Nova Economia – ou para a entrada da Nova Economia no coração das grandes empresas.

Trata-se de uma questão cultural muito arraigada. Desde a Revolução Industrial, e do aparecimento das primeiras estruturas empresariais, na virada do século 18 para o 19, nos organizamos para trabalhar em hierarquias militares. É sobre esse arquétipo, estabelecido por generais que competem entre si e entre soldados que não podem falar com o tenente sem passar antes pelo sargento, e que pouco mudou nos últimos 200 anos, que administramos até hoje a circulação de informações, ideias, ordens, cobranças, feedbacks, recompensas e punições em nossas empresas.

Quem sempre viveu essa realidade (e quem sempre acreditou nela) tem enorme dificuldade de pensar diferente desse modelo. É gente que se torna muito resistente às mudanças. A Nova Economia, insuflada pela revolução digital, pelo ecossistema da inovação e do empreendedorismo, e pelos negócios pós-industriais, joga uma luz nova e poderosa sobre esse cenário.

E a Nova Economia presenteia as corporações com uma espécie de cavalo de troia formado pela cultura da disrupção, pela busca de saltos quânticos nos jeitos de pensar e de fazer, pela quebra da tradição, pela reinvenção dos paradigmas. Os modos de conduzir negócios, de administrar empresas, de trabalhar com pessoas ou de gerir a própria carreira estão mudando bruscamente. Os ciclos estão muito rápidos. E tudo que você construiu até aqui representa muito pouco em termos de sobrevivência. Você só permanecerá vivo se se mantiver relevante. E isso dependerá diretamente da sua capacidade (ou incapacidade) de inventar o futuro – ou de se reinventar dentro dele. Quem não o fizer, amanhecerá morto.

Cai dentro, chefia!

Depois do *Management by Walking Around*, MBWA, o estilo de gerenciar caminhando pelo escritório, utilizado com sucesso pela HP nos anos 70, vem aí o *Management by Doing Together*, MBDT, o estilo de gerenciar trabalhando junto com o time – termo que acabo de inventar.

Eis o que gostaria de lhe perguntar: você quer conhecer de verdade a sua empresa? Você gostaria de conhecer de verdade seus subordinados?

Seus colaboradores são bons ou ruins – ou apenas medianos? Seus processos fazem algum sentido ou são a coisa mais ineficiente do planeta?

Os sistemas que estão montados para fazer a engrenagem girar estão desenhados a partir das necessidades da empresa ou com o tempo foram sendo transformados para melhor atender, prioritariamente, às idiossincrasias das pessoas que trabalham ali?

Quer conhecer o dia a dia profundo, real, do escritório – e não apenas aquilo que dá para ver pela parede de vidro do *corner office*, ou aquilo que deixam chegar até você, ou aquilo que você permite que chegue até você?

Quer tirar o filtro gerado pela sua secretária e pelos relatos dos seus diretos? Quer enxergar com seus próprios olhos, e ver qual é de verdade a situação da sua empresa, e tirar suas próprias conclusões?

A cada trimestre, passe um dia, de surpresa, sem avisar, sentado ao lado de um subordinado, ajudando-o com as funções dele, entendendo sua rotina e como ele lida com ela. Um dia inteiro, do momento em que ele chega até o momento em que vai embora. E trabalhe junto. Importante: peça que ele lhe oriente. Não fale, não sugira. Você está ali para ouvir, para registrar, para entender. Será a hora de fazer perguntas e não de criticar nem de oferecer respostas.

Serão quatro dias do ano dedicados integralmente a auscultar de modo profundo a sua empresa. Em que você apeará do pedestal e descerá à trincheira para ver como as coisas acontecem por lá. E mais do que ver, experimentar. A munição, a comida, a higiene, as relações, o ânimo da turma. Use uma roupa casual, dispa-se dos códigos de poder pelos quais você é geralmente reconhecido. Misture-se. Quanto menos reações defensivas você gerar com a sua presença, mais você aprenderá sobre o funcionamento do time, sobre a atuação dos chefes, sobre o potencial dos seus funcionários.

Escolha pessoas de departamentos diferentes. Não importa tanto o cargo do profissional que você vai acompanhar. Nada melhor do que entender bem uma parte para compreender o todo. Escolha pessoas mais abaixo do que mais acima na escala hierárquica. De baixo, você enxergará a engrenagem com mais clareza. O melhor modo de aferir como o trabalho está de fato montado e como a vida acontece de verdade é olhar com os olhos da turma que carrega o piano.

Management by Walking Around, MBWA, ou *Leadership by Wandering Around*, que dizem ter sido inventado por Abraham Lincoln, que gostava de inspecionar pessoalmente suas tropas, na Guerra Civil americana, é bom. Continua sendo bom sair do gabinete e caminhar pela empresa falando com as pessoas, vendo as coisas, ouvindo.

O *Management by Doing Together*, que siglei aqui como MBDT, é ainda melhor – não apenas passar pelos corredores e baias, observando, mas efetivamente parar e fazer junto. Não há melhor maneira de ver se estão fazendo do jeito certo ou do jeito errado, de sacar quem é bom, quem é ruim, quem está subaproveitado, quem está sobrecarregado, e quem simplesmente não deveria estar ali.

Cai dentro, chefia! (A menos, é claro, que você não esteja interessado em ver, nem em saber, nem em agir. Nesse caso, fique onde está.)

SOBRE *SMART COMPANIES*, *SMART BOSSES* E FUNCIONÁRIOS REBELDES

Ninguém tem mais capacidade de aprender do que uma criança. Ninguém tem melhor estratégia de crescimento do que um bebê. Basicamente, porque na infância temos mais dúvidas do que certezas, mais curiosidades do que verdades estabelecidas, mais vontade de aprender do que a pretensão de saber tudo. Nos verdes anos, somos esponjas que sugam o máximo conhecimento possível. Se não o fizermos, morreremos. Somos tábula rasa – e não livro impresso, publicado, finalizado, imobilizado.

Ou seja: nascemos espertos – exatamente por não sabermos nada. À medida que vamos aprendendo alguma coisa, vamos nos tornando burros – esquecemos da nossa ignorância fundante, esquecemos como se aprende, esquecemos como é bom aprender, esquecemos que precisamos continuar aprendendo para continuarmos vivos. Nós nos tornamos arrogantes. E acabamos com a pior combinação possível – desconhecimento e soberba.

Smart company é uma companhia que mantém viva a capacidade de aprender. Que se move rápido porque está aberta ao novo, a rever paradigmas, a aprender novos conceitos. Assim são as *fast companies*. Assim são as *learning organizations*. Empresas com grande capacidade de se adequar às mudanças cada vez mais frequentes e bruscas no ambiente de negócios. Empresas que sabem que nada é perene, que a única certeza que podemos ter é de que tudo continuará em constante transformação. E de que, portanto, as relações que estabelecemos com clientes, consumidores, parceiros e fornecedores são sempre efêmeras.

Smart boss é o cara que está aberto às boas ideias e aos grandes talentos, venham eles de onde vierem, estejam eles onde estiverem. Um chefe assim não se omite, não se exime das suas responsabilidades de líder – mas sabe *ouvir*. Quem trabalha com um *smart boss* aprende muito – mas um *smart boss* também aprende pacas com quem trabalha com ele. Ele dá a última palavra – mas só depois de ouvir todas as opiniões que desejarem se expressar, e de ponderar sobre elas.

Se você não trabalha numa *smart company*, nem para um *smart boss*, você está no lugar errado, trabalhando com a pessoa errada. E se a sua empresa não é uma *smart company* e se você não é um *smart boss*, você está fadado ao fracasso como empreendedor e como líder. Porque você perderá os melhores talentos. E, com eles, as melhores ideias. E essa é a verdadeira competição – atrair e reter os melhores cérebros e as melhores mãos para inovar, para inventar o que ainda não existe, para fazer brotar o futuro em pleno presente.

Daí a importância de cultivar rebeldes na sua organização. Gente inconformada. Nós geralmente nos esquivamos desse tipo de gente. E não sem motivo. Os rebeldes, por vezes, são difíceis de administrar – e de suportar. Mas é aí que mora a criatividade. É daí que surgem as grandes disrupções que produzem novos produtos e novos serviços – da inconformidade de gente talentosa que consegue dar um sentido produtivo a esse sentimento. (Quando isso não acontece, sobram apenas o mau humor, a atitude corrosiva, o cinismo estéril. Aí não há quem os aguente.) O seu desafio e a sua arte como gestor será ajudar esses talentos a canalizar a sua insatisfação para fins criativos.

A maioria das empresas está comprometida com a preservação do que já foi conquistado, para se dedicar a pensar em como permanecer viva e relevante amanhã, quando as condições do mercado forem outras. Quanto mais líder e bem estabelecida a empresa, mais isso é verdade. Essa postura representa uma ótima notícia para você. Significa que há um enorme espaço para entrar no mercado, olhando para frente, e propondo novas entregas, gerando novos valores, atendendo a novas demandas. Basta que você não faça como as empresas que perseguem os rebeldes a pauladas, em suas fileiras inteiras, como se eles fossem ratazanas prenhes.

Sim, os *right brainers* – os americanos gostam de pensar que os criativos usam mais o lado direito do cérebro – oferecem risco. Sim, eles são difíceis de controlar. Mas são eles que fazem o mundo girar com suas visões aquilinas, com suas apostas, com seus motores de alta octanagem prontos para realizar.

Nós, todos os outros, olhamos para eles – metade do tempo com admiração, metade do tempo com medo – e os seguimos, muitas vezes torcendo (nem sempre secretamente) para que eles estrebuchem e para que o mundo volte a ser pequeno, seguro, fácil de entender, uma bola que gira devagar, numa velocidade que não nos tire da zona de conforto nem destrua em nossos coraçõezinhos a sensação de que tudo está no seu lugar e sob controle.

Um amigo me diz, sobre a escassez de *smart companies*, e sobre a falta de *smart bosses* dentro das empresas, e sobre a enorme dificuldade de inovar no mundo corporativo: "Os incompetentes se unem. E torcem contra. E agem de modo refratário. E operam como anticorpos." Isso pode se dar tanto no nível dos indivíduos, entre executivos defendendo seus galinheiros, quanto entre empresas, defendendo seu *status quo* no mercado. Ou seja: novos competidores, com propostas inovadoras, sofrem a reação das empresas estabelecidas, tanto quanto pessoas físicas ao entrarem em determinados círculos de relacionamentos.

Nunca subestime o poder do sentimento de corpo, da reação orgânica dos que estão dentro, acomodados, contra um novo entrante que esteja buscando seu lugar ao sol. Especialmente se o calouro não quiser pagar o preço, para entrar, de se tornar um mero reprodutor das práticas estabelecidas. Poucas coisas conectam tanto as pessoas, ou as empresas, mesmo aquelas que de outro modo jamais se aproximariam umas das outras, quanto uma ameaça em comum, nova, externa, algo que pareça ter o potencial de alterar o equilíbrio de poder e o modo como as coisas sempre foram feitas por ali.

Complô no escritório – a caça aos novatos

Há lugares em que a cultura é jogar os novatos (e não só eles, é bem verdade) aos leões para ver como eles se saem. A conversa com o sujeito só começa de verdade se ele sobreviver ao choque. Só assim ele terá se provado merecedor de um lugar à távola. (Não raro, nesses lugares, o recruta precisará ter o cuidado extra de se salvar sem ferir nenhum dos leões, que são de estimação. Se machucar uma das feras, corre o risco de ser executado ao sair da arena.)

Nesses ambientes, há a visão de que craque não precisa de treinador, nem de preleção, nem de caneleiras, nem de apoio do resto do time. A regra é: "Joga o cara na pista, o resto é com ele." Se ele não der conta, não é bom jogador e merece mesmo ser sacado do time e mandado embora do clube.

Se você já passou por isso, sabe como funciona. Se você já assistiu a isso acontecer com outro profissional, também. Um ponto importante aqui é percebermos que quem está na audiência também desempenha papel fundamental no desfecho dos eventos.

Quando alguém chega a um lugar novo, quem já está ali pode agir tanto para que dê certo quanto para que dê errado. O seu apoio, como veterano, não garantirá o sucesso do recém-chegado. Assim como as energias negativas que você semear no ambiente não conseguirão, por si só, derrubar o sujeito. Mas é quase certo que ele se dará mal, ou pior do que poderia, se as forças instaladas no ambiente operarem pela sua derrocada – seja pela via da omissão, seja pela ação deletéria direta.

Você tanto pode ser o calço que apoia quanto a rasteira que leva ao chão. Você pode apontar os atalhos e as armadilhas, e tornar tudo mais fácil para o calouro. Assim como você pode ficar na sua, assistindo a tudo sem se envolver. E você também pode jogar contra, espalhando cascas de banana pelo caminho. É uma escolha individual sua, que fará toda a diferença na vida daquele sujeito.

Vivi algumas vezes a experiência de contar com apoio. Em minhas primeiras semanas numa grande empresa por que passei, num momento de minha carreira em que começava a trilhar uma estrada profissional nova, um diretor com anos de casa me chamou de lado e me disse algo muito importante: "Você vai dar certo aqui, fazendo isso. Já vi muita gente começar nesse ramo. Se isso não fosse para você, eu já teria percebido." É difícil precisar o quanto aquela sentença contribuiu para que eu fosse adiante e, de fato, vivesse quase uma década de conquistas naquela empresa. Mas posso dizer que não foi pouco.

Da mesma forma, experimentei a ausência de apoio em alguns momentos da carreira. É difícil precisar o quanto a falta de suporte e de incentivo contribuiu para que o vaticínio "ele não vai dar certo aqui" tenha se tornado uma profecia autorrealizada para mim. Mas posso dizer que não foi pouco.

À frente da sua empresa, nunca esqueça de se perguntar: "Como estamos tratando nossos calouros?" Isso dirá muito do ambiente de trabalho que você está construindo.

ODE AOS ASSISTENTES QUE TRABALHAM ATÉ TARDE

Dou o braço a torcer. Quando eu era executivo, e tinha uma equipe de marketing trabalhando para mim, eu não sabia o que era montar propostas. Eu achava que sabia. Mas, na real, não tinha ideia.

Era assim: eu ia a uma reunião com cliente e tinha uma assistente tomando nota, fazendo a pauta. Eu no máximo anotava uns tópicos, um esquema visual, uns próximos passos. Depois voltava para o escritório, reunia o time, fazíamos o *brainstorming* para encontrar a melhor solução ao *briefing* que nos havia sido passado.

Então passava o papel de pão amassado com as minhas garatujas para uma brava gerente de produto ou assistente de marketing. E a próxima coisa que eu via era uma bela apresentação na tela do computador. Aquilo, para mim, era o resultado de apertar um botão. Algo que eu dava de barato.

Já tinha esquecido dos tempos em que eu mesmo era um assistente de marketing. Na minha época, quando comecei, no início dos anos 90, não havia PowerPoint nem Keynote. Os computadores tinham tela de fósforo verde, não havia mouse e o máximo em sofisticação era o Lotus 123, uma planilha pré-Excel. Mas isso não me serve de desculpa. Eu trabalhava muito. E não devia ter esquecido isso. Nem minimizado o tanto de sangue que se dá na trincheira operacional.

O ponto é que hoje, como empreendedor, como empresário à frente de uma *startup*, voltei a ter um contato corporal com a operação. Nenhum dos confortos da vida executiva acompanha quem decide avançar pelo caminho do negócio próprio. Ao menos no começo. Ao menos no *soft opening* – quando você vai tirando a empresa do chão sem muito alarde, trabalhando duro e quieto –, de modo pouco capitalizado, que foi o caminho que se apresentou para mim.

Nesse cenário, você faz tudo. Não dá mais para ficar só tendo as ideias e passando para alguém executar. Em empresa pequena, você pega no telefone, você prospecta, você vai à reunião, você bola o projeto, você precifica, você monta a apresentação, você vende, você faz o *follow-up*, você assina o contrato. E depois disso você tem que entregar o que vendeu. E mais adiante, fazer o pós-venda. Montar a proposta de renovação. E começar tudo de novo. Você, você, você. Tudo você.

Ah, se eu pudesse me desculpar com aquelas meninas e aqueles meninos que me atendiam, pelos tantos momentos de insensibilidade e de cobrança possivelmente exagerada e impaciente que empreendi, eu o faria. Diria assim: "Me perdoem. Agora eu sei por que as apresentações não ficavam prontas de um dia para o outro. Agora eu compreendo que não se tratava de apertar um botão."

A GERAÇÃO DOS FUNCIONÁRIOS INDOLENTES

Uma professora, na faculdade, certo dia nos contou em sala de aula que sua geração padecia de uma estranha síndrome: tinha sido oprimida pelos pais e, agora, era oprimida pelos filhos. (Isso não tinha nada a ver com a disciplina que ela lecionava. Ainda assim, foi um dos insights mais bacanas que tive naquele semestre. Tanto que lembro disso até hoje.)

Ela dizia que, quando criança, tinha que esperar os adultos comerem para depois almoçar. E várias vezes almoçava com as outras crianças na cozinha, numa condição meio subalterna. Adulta, dava sempre a prioridade para seus filhos.

Comia depois deles, o que sobrava, se desse tempo, se ainda tivesse apetite.

Ela disse também que apanhava de seus pais com naturalidade e frequência. E que jamais batera em seus filhos – que eram, paradoxalmente, muitas vezes, tiranos com ela, coisa que ela nunca fora com seus pais.

Esses dias me dei conta de que a minha geração, se não vive essa contradição em casa, corre grande risco de vivê-la no trabalho. Funciona assim: começamos nossa carreira no começo dos anos 90, ou no fim dos anos 80, ainda na rabeira daquele Brasil fechado e cartorial que em boa medida não existe mais, felizmente.

Nossos primeiros chefes, portanto, eram dinossauros de quatro costados. Fomos, não poucas vezes, humilhados por eles – que enxergavam naqueles moleques que tinham um 386 em casa uma ameaça ao mundo dos telex, telegramas e memorandos que eles dominavam.

A primeira visão que tivemos do mundo corporativo, portanto, não foi bonita: o ambiente era verticalizado, hierarquizado ao extremo, sem espaço para a conversa, muito menos para o empreendedorismo interno. O escritório era cheio de feudos e de senhores feudais, muito mais focados na costura miúda política do que nos resultados. Enfim, naquele ambiente, uma das missões da senioridade estabelecida era triturar os talentos emergentes.

Hoje, aqueles garotos estão com 40 e tantos anos. E viraram chefes. Viram a economia brasileira se abrir e se modernizar, viram a competição se tornar sofisticada e o mercado se tornar complexo. Fizemos MBAs no exterior, lemos Jim Collins e Tom Peters. Como consequência, passamos a nos enxergar como chefes melhores do que aqueles chefes que tivemos há 20 anos.

No entanto, nem sempre contamos com uma reação positiva de nossos colaboradores. Costumamos sofrer um bocado na mão dos talentos que lideramos. A geração que está chegando hoje ao mercado é desafiadora. Faz questão de exercer cada milímetro do direito à voz e a voto que conquistaram e que, ao mesmo tempo, lhes é garantido por um chefe que se quer horizontal e acessível, e que abre espaço para a discordância e o questionamento.

Nós, os novos líderes, apanhamos dos chefes lá atrás. E hoje, em muitos momentos, apanhamos de nossos subordinados. Não admitimos usar a coação como método de gestão. Optamos pela via do convencimento. Que é, muitas vezes, você sabe, uma via-crúcis.

Para lidar com jovens talentos

Tem muita gente preocupada com a nova safra de talentos que está chegando agora ao mercado de trabalho, com 20 e poucos anos. Eis o ponto: como lidar com essa galera que nasceu por volta de 1990 e que desafia as empresas como poucas gerações anteriores o fizeram? Os programas de trainees e de estagiários já começam a explicitar algumas diferenças importantes entre o que essa moçada está buscando para si e aquilo que as empresas têm a oferecer.

Para começar, esses meninos e meninas estavam se alfabetizando quando a internet aconteceu no Brasil e no mundo – então eles já nasceram conectados. São seres digitais. E nossas empresas ainda são um bocado analógicas – no jeito de pensar, de agir e de gerir.

Eles aprenderam a escrever num teclado, treinaram os polegares e os indicadores nos celulares (nunca "discaram" para alguém), se acostumaram a saber de tudo em tempo real e a participar de discussões nas redes sociais. São criaturas criadas no horizontalismo e na interatividade. Não convivem bem com ambientes muito verticais, em que só alguns podem falar, onde as pessoas têm medo de opinar.

Eles se consideram influentes. Alguns deles, de fato, têm mais amigos no Facebook e seguidores no Twitter do que os nomes que constam no mailing list desatualizado da companhia para a qual estão indo trabalhar. Portanto, a opinião deles tem, realmente, na pessoa física, muitas vezes, mais impacto e repercussão do que a própria comunicação das marcas que estão indo gerir.

Eles nasceram com autoestima alta. Se sentem cidadãos do mundo. Eles não têm a memória de um Brasil hiperinflacionário, de mercado fechado, de economia desconectada do resto do planeta. Eles não têm, como várias gerações anteriores, vergonha de serem brasileiros. Ao contrário: cresceram com a ideia de que o Brasil é uma potência emergente, com inflação controlada, com bons índices de crescimento econômico e que goza do respeito de outros países e da admiração de outros povos — por mais problemas que tenhamos.

A minha geração, que chegou ao mercado de trabalho na virada dos 80 para os 90, queria um *emprego*. Qualquer que fosse. Essa turma, hoje, projeta uma *carreira*. Não estão atrás de uma vaga, mas de uma oportunidade de crescimento, de desenvolvimento. Alguns miram o empreendimento. Outros, uma trajetória profissional fora do Brasil. Uns não abrem mão de trabalhar com propósito. Outros, almejam pisar fundo agora, para ganhar muito dinheiro e se aposentar aos 50.

Então as forças do capital, no país, nunca encontraram as forças do trabalho tão bem equipadas, propondo um equilíbrio de forças tão grande, na hora de fecharem um contrato, quanto agora. E isso não se dá por meio de sindicatos, da pressão coletiva dos trabalhadores. Mas se dá por meio da postura individual dos novos trabalhadores, de gente que chega com o nariz empinado, que sabe muito bem o que quer

– e melhor ainda o que *não* quer... – e que definitivamente não topa qualquer parada.

É com esse tipo de profissional que você precisará lidar na sua empresa.

VEM AÍ A NOVA GERAÇÃO DE PROFISSIONAIS – DEUS NOS AJUDE!

Outro ponto importante para compreender a nova geração de profissionais que está chegando ao mercado é que muitos deles cresceram vendo os pais tendo uma relação muito ruim com o trabalho. E não querem nem de longe isso para si.

Eles viram os pais sofrerem com chefes brutais, em empregos que detestavam, em empresas que não admiravam. Na verdade, viram os pais muito pouco – mercê de um grande desequilíbrio entre vida profissional e vida pessoal, em que o escritório e os afazeres relacionados aos negócios roubaram todo o tempo dos seus pais, que pouca atenção dedicaram à família, aos filhos e a si mesmos.

Como consequência, essa nova geração de profissionais busca o equilíbrio. Eles não estão dispostos a qualquer coisa em nome de um trabalho. É chocante para gerações mais antigas que candidatos a estagiário requeiram salvaguardas que lhes permitam continuar tocando seus projetos pessoais e sua vida privada depois de entrar para a vida corporativa.

Para gente mais velha, para quem está na posição de contratar essa moçada, isso costuma soar como empáfia. Como uma soberba juvenil (o que não é de todo mentira).

Trata-se de uma geração hedonista. Se não há prazer, não conte com eles. Tudo precisa ser bonito, divertido, agradável aos sentidos. Não adianta só ser correto, ser racionalmente bem resolvido, ser objetivamente OK – é fundamental ser sexy, ser atraente, ter características de entretenimento.

Ou você os encanta ou você mal conseguirá lhes captar a atenção – e muito menos o respeito. E eles deixarão isso muito claro para você. Eis outro traço distintivo da nova geração: eles são provocadores natos. Gostam de desafiar. Falam na lata. Apreciam o papo reto – ainda que se sintam muito mais confortáveis na posição de falar o que querem do que de ouvir o que não querem.

Essa turma nasceu e foi criada para se expressar. Eles estão acostumados a emitir opinião, a ser considerados – desde muito cedo. Portanto, demandam ambientes de trabalho em que possam ser ouvidos, onde possam contribuir de verdade, e imprimir a sua marca. E buscam empresas e chefes que tenham as portas e a mente abertas aos seus aportes.

Quantas empresas há por aí com esse perfil? A sua? E quantos chefes há por aí com essa disposição? Você?

7
ANTES DE DIZER TCHAU

Somos todos Forrest Gump

"Olá. Meu nome é Adriano Silva. As pessoas me chamam de Adriano Silva."

Nunca pensei em fazer marketing. Na faculdade, meu primeiro caminho foi o intelectual. Eu lia Roland Barthes e adorava. Eu lia e assistia a Pasolini e adorava. Simpatizava com Hans Magnus Enzensberger. (OK, admito que nunca consegui penetrar nos textos da Escola de Frankfurt, o que talvez já fosse uma demonstração de que não tinha tanta propensão assim a seguir por aquele caminho.)

Depois, virei a seta para me tornar um criativo – eu cursava publicidade. Tinha umas ideias bacaninhas. Escrevia bem. No fim, enveredei pelo caminho executivo. Não me via trabalhando numa agência de propaganda – embora tenha tentado a mão precocemente, aos 19 anos, tentando prestar serviços criativos, de comunicação, com a minha própria agência. (Acho que sempre me faltaram a leveza, o humor, a inconsequência e a autoironia dos publicitários.) Acabei indo trabalhar no departamento de marketing de uma metalúrgica.

Nunca pensei em estudar fora. E, quando me dei conta, estava instalado no outro lado do mundo, em Kyoto, a capital milenar do Japão, fazendo um MBA em Marketing Internacional no departamento de Administração de uma faculdade de Economia. À medida que ia me enfronhando no mundo de Butler, de Levitt, de Chandler e de Porter, só via o mundo corporativo à minha frente.

Depois de três anos na KyoDai – a Universidade de Kyoto – meu destino era seguir fora do Brasil, emigrar para os Estados Unidos e, possivelmente, não voltar jamais. (Eu sou da geração que se tornou adulta no pior momento político e econômico da história moderna do país, no final do governo Sarney e no início dos anos Collor. O Brasil dava calafrios.)

Nunca pensei em virar jornalista, em viver de escrever. E foi o que me aconteceu. Comecei a colaborar com a revista *Exame*, ainda como estudante, no Japão, e em seguida veio o convite para eu voltar ao Brasil, assim que terminasse o mestrado, para trabalhar na Editora Abril, na mais influente revista de negócios do país, num híbrido de "executivo de marketing/homem de negócios/gestor" com "jornalista/articulista/produtor de conteúdo", coisa que nunca mais deixei de ser.

Nunca pensei em fazer televisão – um território mágico para brasileiros da minha geração, um picadeiro restrito a semideuses. E, no entanto, quando percebi, estava trabalhando na TV Globo, morando no Rio, tinha virado o chefe de redação do *Fantástico*, imerso em todo aquele pó de pirlimpimpim.

Nunca pensei em ser um empreendedor digital. Quando a internet comercial surgiu, em 1995, eu já tinha 24 anos.

Até os 21, nunca tinha tido um computador – porque eles não existiam no país. Não sou um nativo da revolução digital. Tive que me adaptar para sobreviver. Meu panteão é outro – é analógico, é eletrônico, vinha impresso em quatro cores.

Quando vi, estava sócio de uma editora digital que deu a sua contribuição à construção da blogosfera brasileira e que, portanto, quero crer, escreveu um parágrafo importante na história dos negócios em mídia digital no país.

Nunca pensei em atuar com *social media*. Inclusive porque, quando isso se estabeleceu em nossas vidas, quando o Twitter e o Facebook saíram do nicho e se tornaram ubíquos, eu já tinha quase 40 anos. Resisti a ter um perfil pessoal nesses ambientes. Alguns anos antes, eu havia entrado no Orkut – para cometer um orkuticídio logo em seguida. Minha justificativa, para mim mesmo e para os outros, era que eu já tinha trabalho demais para manter meus e-mails em dia, não tinha tempo para administrar uma conta no Orkut. O típico argumento de um coroa. Hoje vivo disso.

Tudo isso para dizer o seguinte: apesar de eu me considerar um estrategista, e de ter planejado um bocado de movimentos em minha vida e em minha carreira, várias das coisas que aconteceram comigo – senão a maioria delas, senão *todas* elas – aconteceram à minha revelia, debochando do meu desejo de controle.

Na melhor das hipóteses, consegui reagir bem aos corcoveios da existência, segurei firme nos arreios e segui adiante, me adaptando à trepidação do bicho. Aprendi que não dá para levar a vida com fleuma, segurando um compasso com uma das mãos e um brandy com a outra, com Bach tocando ao fundo no volume exato.

Conduzir a vida e a carreira, nos dias que correm, tem mais a ver com agarrar firme a crina de um animal xucro. E tentar durar ali em cima, sem cair, os oito segundos a que você tem direito, com um locutor de sotaque exótico torcendo mais para o touro do que para você.

Como foi que cheguei até aqui? O que virá a seguir? Sei lá.

Minhas conquistas, é claro, não aconteceram por acaso. Mas também não foram obra da minha clarividência vitoriosa e do meu tino espetacular. Ao contrário. Às vezes, paro para pensar e me vejo sentado num banco de praça, com uma caixa de chocolates no colo. Como um cara que chegou mais longe na vida do que ele jamais imaginou que poderia. Sem saber direito como tudo isso lhe aconteceu.

A ARTE DA SOBREVIVÊNCIA

Há alguns anos, no começo da minha vida no empreendimento, eu estava bem angustiado. Com a vida, com o futuro, com as perspectivas da empresa que eu acabara de fundar, com as minhas perspectivas como um agente econômico autônomo no mercado.

Eu já estava bem conectado, a realidade já se mostrava bem promissora, os resultados já apareciam no horizonte. E eu até enxergava isso. Mas meu sentimento, ainda assim, era pesado. Tive dúvidas sobre se ia conseguir vender. Tive dúvidas sobre se ia conseguir entregar. Tive dúvidas sobre se ia conseguir renovar os contratos e seguir vivo. A cada prova que eu me dava, eu mesmo me colocava uma nova interrogação.

Tinha grande nostalgia da vida com crachá, de pertencer a uma corporação, de ganhar um salário no fim do mês. Sentia muito medo de ficar solto na vida, de resvalar para a vala da irrelevância e da indiferença aos olhos de meus clientes e *prospects*. De virar um zumbi no mercado, alguém que vaga atrás das pessoas – e de quem as pessoas fogem. Nunca consegui tirar os olhos da metade vazia do copo ao longo desse processo duradouro e doído. Sofri muito com a perspectiva de *não dar certo*.

Eu me via sozinho. Enfrentando anos cinzentos, tempos desafiadores, de crise, de previsões tenebrosas. A sensação de que eu poderia perecer em um par de meses com meu negócio recém-nascido doía fino e constante. Eu projetava a desconstrução, tijolo a tijolo, do que havia erigido até ali. Me via de novo no acostamento, parado, sem gasolina, sem carona. A verdade é que demorei muito tempo para deixar de me ver como um *desempregado* e para começar a me admitir como um *empresário*.

Diante desses receios todos, assumi uma postura contrafóbica: enfrentar a ansiedade arregaçando as mangas. Quanto mais o medo me acossava, mais reuniões e apresentações eu marcava. Quanto mais o pessimismo se abatia sobre mim, mais eu buscava diversificar minha carteira de clientes e *prospects*. Contra o desânimo, só há uma coisa a fazer – se manter em movimento. Se você parar, terá cedido à depressão.

No final, a gente sempre sobrevive. Como sempre, a metade cheia do copo vence. Como sempre, a gente dá um jeito e segue na batalha, descobrindo novas possibilidades. Para, em seguida, enfrentar outros monstros, novos fantasmas, reais ou fictícios, internos ou exteriores, que adoram nos atazanar a vida, muitas vezes com a nossa anuência.

A sensação de vencer o medo e de alcançar um objetivo, por mais singelo que ele seja, é deliciosa. A condição de empreendedor me ensinou a valorizar o *inch by inch* – cada centímetro conquistado –, como naquele espetacular speech dado por Al Pacino em *Any Given Sunday* (*Um domingo qualquer*, filme de 1999).

Aprendi a valorizar as pequenas conquistas, que antes me pareciam tão garantidas e, exatamente por isso, tão banais, naquela ilusão corporativa de que tudo vai durar para sempre. Você, sua posição e a empresa em que você trabalha – uma santíssima trindade, uma sensação de eternidade.

Hoje, chegar vivo ao Natal, e ter a perspectiva de não falir até a Páscoa, é uma maravilha. Chegar ao Réveillon com paz de espírito suficiente para sonhar coisas boas para o ano novo que entra, com a sensação de que a luta está valendo a pena, e de que fiz o que tinha que fazer no ano que passou, é uma bênção.

Estou aprendendo, devagarinho, aos trancos, a não olhar muito para a frente, a não ficar ansioso demais com o futuro. E também a não olhar muito para trás, a não ficar namorando o passado à toa. (Nostalgia é uma droga pesada.) Estou aprendendo a ficar contente e agradecido por estar conseguindo construir alguma coisa. Não é pouca essa capacidade de estender a mão a si mesmo.

Eis o que gostaria de lhe dizer: sempre há luz no fim do túnel. Sempre. Basta não parar de caminhar.

Hoje eu vi uma cena de ternura explícita

Eu estava, para variar, preocupado com o futuro. Esse é um sentimento recorrente entre empreendedores. Especialmente entre os que se acostumaram, ao longo dos anos, com a ilusão de conforto que um emprego traz.

Ser empresário é, antes que tudo, um estado de espírito. Exige uma musculatura interna específica. É uma condição que costuma fustigar os incautos com a grande angústia das questões sem resposta.

Minha empresa irá sobreviver até quando? Vou conseguir, no próximo trimestre, faturamento suficiente para cobrir os custos da operação? Vou conseguir entregar ao cliente aquilo que ele está esperando? Vou ter que demitir aquele cara que acabei de contratar? Vai sobrar grana no meu bolso para eu manter meu padrão de vida, para pagar o colégio das crianças e o almoço de domingo em família?

Sobretudo: vou ter paz de espírito para passar por tudo isso sem perder a estima das pessoas que eu mais amo e que ando negligenciando, mesmo sem querer, com essa cara sempre amarrada por mil preocupações – algumas concretas e outras meras filhas do cagaço?

Eu estava absorto nesse tipo de sentimento, que tira o sol do céu e que faz apertar a respiração, achando que as alternativas eram poucas, que o cerco estava se fechando, que a vida com crachá é uma megera e que a vida sem crachá é uma prima dela piorada, ainda mais malévola, quando olhei ao longe e vi, através de uma porta de vidro cinzento, o rapaz que estacionava os carros no prédio de escritórios onde eu estava.

Fui tocado pelo seu sorriso leve – eu, o homem peso. Por sua serenidade em singrar a tarde, vivendo a sua vida, em direção ao futuro – eu, o homem intranquilo. Lá vinha o rapaz trazendo a sua filhinha pela mão, com delicadeza. Orgulhoso, conduzia a menina, de uns 5 ou 6 anos, pela portaria do prédio.

Entre motoboys esperando para entregar uma encomenda e homens de gravata tirando documentos do bolso.

O rapaz apresentava sua princesinha às moças da recepção. Sorria seu contentamento com uma franqueza desconcertante. Era uma felicidade tão simples, tão óbvia; uma alegria tão genuína, tão autêntica, ao alcance de qualquer um que não se perca, com as pressões da vida profissional, daquelas coisas que são essenciais.

Aquele rapaz pobre, como tantos outros que eu tantas vezes, com pena de mim mesmo, tinha olhado com comiseração, pela condição sofrida que eu julgava enxergar neles, me dava ali, sem querer, e sem saber, no meio da tarde, uma tremenda lição a respeito do que é felicidade e do que realmente importa na vida.

Cuide bem dos seus três dinheiros

Almoço com um amigo que, como eu, é um ex-executivo tentando sobreviver sem patrão. E ele divide comigo uma lição que aprendeu com um consultor com muitos mais anos de vida sem crachá.

É preciso ter três bolsos para gerir três tipos diferentes de dinheiro – o dos sonhos, o do empresário e o do hedonista.

O dinheiro dos sonhos é aquele que você não mexe, não negocia e não empresta. É o dinheiro da faculdade do filho, da doença da mulher, da sua aposentadoria.

O dinheiro do empresário é aquele que você faz girar. Gasta com a empresa, investe, pega daqui, joga acolá, paga fornecedores, usa para comprar um notebook ou para consertar a impressora.

E o dinheiro do hedonista é aquele que você usa para o prazer, para viver bem a vida. Se você quiser assistir a uma final de Copa do Mundo, e houver dinheiro nessa conta, vá. Essa grana serve para isso mesmo. Para você gerar momentos de felicidade para si mesmo e para a sua família.

Achei essa receita de gestão financeira muito útil. É fundamental distinguir os vários dinheiros que passam pelo bolso do empreendedor – e que adoram se misturar confusamente, gerando caos administrativo e rombos financeiros. Não precisa ser assim.

As lições do meu velho

Meu avô era um empreendedor nato. Ou muito me engano ou nunca trabalhou para ninguém ao longo de toda a sua vida. Sempre foi dono do próprio nariz. Talvez porque tenha visto o seu pai, bolicheiro, criar a família sem ter patrão. Cada um de nós tem seus velhos. E é preciso amá-los, compreendê-los, aprender com eles. Todo mundo tem que ter um velho para chamar de seu. Meu avô foi o meu velho. Tivemos uma proximidade bem grande e amorosa nos últimos 15 anos da sua vida, depois da morte da minha avó, que nos uniu no luto e num monte de cumplicidades bacanas que vieram depois. Mas tem coisas sobre meu avô que só percebo agora. Até porque ele não era um cara de ficar articulando lições. Ele simplesmente vivia a vida dele do jeito que sabia.

Primeiro, logo depois de voltar do exército, o velho foi ser tropeiro. Depois, foi trilhar arroz. Então casou, teve seus filhos e, um dia, teve uma luz: percebeu que as crianças precisavam estudar. Era preciso sair do campo. Isso aconteceu na metade da década de 50, num rincão longínquo do Rio Grande do Sul. Ele não tinha meios para perceber que havia um movimento enorme de urbanização e êxodo rural tomando forma no país. Ainda assim, numa decisão que considero de uma inteligência e de uma intuição ímpares, decidiu deixar para trás a agricultura e a pecuária, que era tudo o que sabia fazer, e se mudar para a cidade. Decidiu abrir mão de um pedaço de terra, o maior de todos os valores naquele lugar e naquela época, para reinventar a sua vida num mundo completamente novo.

Então meu avô fez um curso de eletricista via correio (expôs durante toda a vida um simpático diploma do Instituto Universal Brasileiro na sala de sua casa) e se transformou no eletricista da cidade. Luz elétrica era a grande novidade, a grande aspiração das pessoas. E, mais uma vez, com apenas três ou quatro anos de ensino formal no currículo, o velho mostrou um descortínio incrível para gerir a sua carreira e detectar oportunidades.

Lembro dele e aprendo um monte de coisas que ele talvez jamais tenha imaginado me ensinar. Logo eu, o neto estudado, lido, viajado. Pois é, velho. Você me ensina até hoje. A ter coragem de tomar decisões difíceis, que tiram a gente de uma zona de conforto sem garantir que alcançaremos à próxima. A olhar estrategicamente para a carreira, para os movimentos que vão compondo a vida da gente. A viver a vida sem tanta culpa, sem tanto peso. A acreditar mais no meu taco. E a escrever uma história da qual eu me orgulhe – e que talvez um dia possa ser lembrada por um neto.

Ainda tenho uma carreta cheia de lições para aprender sobre tudo isso, velho. Pena que você não esteja mais por aqui.

BILHETE AO MEU AMIGO QUE DEU CERTO NA VIDA

Cara, como é bom te ver bem. Eu gosto de me sentir bem com o sucesso dos amigos. Tenho lido que isso é um sinal de quem tem caráter – a capacidade de ficar contente com o êxito alheio. Então vai ver que eu tenho algum caráter. Ao menos no que se refere ao que sinto ao lhe ver vencendo na vida. Acompanho sua trajetória há mais de dez anos. E torço por você. Sei que você partiu lá de atrás. E foi vindo em direção à classe média, em direção ao padrão de vida que almejava ter.

Você sempre admirou a mim e a outros caras em quem talvez mirasse quando começou sua caminhada. No entanto, isso nunca se transformou em inveja, em cobiça, em qualquer emoção negativa. Nunca me senti ameaçado por você. Nunca senti que você quisesse o que era meu, ou que desejasse que eu deixasse de ter alguma coisa que você não tinha, ou que você tivesse a sensação de que eu precisaria perder para você ganhar. Mesmo quando eu já estava dentro de um sedan bacana da firma e você ainda rodava numa moto de baixa cilindrada – que era sua ferramenta de trabalho, inclusive.

Então acho que, na verdade, por tudo isso, quem tem caráter nessa história mesmo é você. Porque se é grande você olhar com simpatia para um outro cara que está atrás na estrada, e torcer genuinamente por ele, como eu fiz por você, é maior ainda manter a compostura e o amor diante de um cara que está à sua frente, como você fez por mim.

Admiro suas conquistas. Especialmente porque você nunca foi um tipo afoito. Você, ao contrário, é um dos caras mais tranquilos que eu conheço. É como se você sempre tivesse sabido que ia chegar lá. E como se sempre tivesse sacado que não é sábio querer acelerar as coisas, atropelar os processos, andar mais rápido do que as próprias pernas. Você é um pouco – não me entenda mal! – como o Pepe Le Pew, aquele personagem de Hanna Barbera que era apaixonado por uma gatinha, e que, sem jamais correr ostensivamente atrás dela, sempre conseguia chegar antes aos lugares em que precisava estar.

De alguma maneira, você sempre soube que injetar doses cavalares de ansiedade na vida só torna as conquistas, quando elas acontecem, insípidas. E você, me parece, é um cara que sabe sorver a vida. Aproveitar o momento. Mesmo que sejam momentos duros. Eu já tive que lhe pagar um lanche no McDonald's, lembra? Você teve que vender coisas suas para pagar as mensalidades em atraso na faculdade, lembra?

Não se envergonhe disso. Essas são marcas indeléveis do seu belo voo, da sua vitória, do tanto que você avançou. É assim que começa o seu DE/PARA. E acho que para definir o quão bem-sucedida é uma vida, nada melhor do que analisar o DE/PARA. De onde você saiu e até onde você conseguiu chegar. Não importa muito onde estão localizados esses dois pontos. Importa a distância que há entre eles.

Admiro, por fim, o conforto que você angariou para si mesmo e para a sua família. É bonito de ver os tijolinhos se montando em sua bela parede. Mas admiro, acima de tudo, a dignidade que você construiu em torno de si. Dignidade. Talvez esse seja o único parâmetro que realmente importa na vida. Conquistá-la. E jamais, nunca, em hipótese alguma, se perder dela. A partir de agora, meu amigo, você tem uma reputação a zelar. A partir de agora, meu irmão querido, você tem muito a perder. E isso é ótimo. Parabéns, garoto.

Carta à minha amiga contente

Foi bacana reencontrar você e sua risada gostosa. Foi sobretudo muito legal vê-la feliz da vida com o empreendimento. Já que o emprego como o conhecíamos anda raro, não nos resta muito senão reaprender a trabalhar, a pensar a carreira, a ganhar dinheiro, a levar a vida por conta própria – de um modo que nos realize e que nos permita permanecer relevantes.

Bom olhar para o lado e vê-la na linha de frente desse movimento. Você, que conheci tão corporativa, tão encarreirada, tão hábil na gestão das politicagens e cotovelagens comuns aos corredores das grandes empresas. Bom vê-la vendendo seu talento diretamente ao mercado. E resolvendo aquelas antigas frustraçõezinhas, tão comuns a todos nós, por meio do trabalho autônomo, metendo a cara e limando as frescuras, para ver qual é. Bem-vinda a esse mundo em que não há chefes nem patrões, apenas clientes e *prospects*.

Eu lhe desejo sorte. Você tem o perfil. Acumulou 20 anos de carreira, de experiência, de contatos, de janela. Tem grande habilidade social – a tal inteligência emocional. Tem garra, tem vontade e, pelo que pude ver, e sentir, você está levando essa nova fase com alegria, com fé, com um entusiasmo que eu mesmo não tive condições de ter quando comecei. Você vai sofrer menos que eu. E isso é saber viver. E é também saber empreender.

Perguntei se com oito meses de negócio você já estava conseguindo equilibrar seu orçamento pessoal, pagar as contas, ganhar o que ganhava quando empregada. Você riu gostosamente. Sem peso, sem medo, sem angústia. A insustentável (para mim, tantas vezes) leveza do ser. Que bom. Parabéns.

Carta à minha amiga triste

Querida amiga minha. Não se arrependa de nada. Nem dos amores que não deram certo. Nem dos planos que não se efetivaram. Nem de ter sonhado alto. Nem do vale de sombras e silêncios com que a realidade está lhe desafiando nesse momento. Você deixou um bom emprego e a vida que estava estabilizada (num ponto que não lhe preenchia, não lhe realizava) para empreender uma viagem longa, para obter uma experiência internacional, para realizar uma tentativa madura e bem refletida de desterro. Faltou apoio, faltou emprego. Sobraram xenofobia, burocracia burra, sexismo, talvez, e crise econômica. Não se arrependa. Você viveu um ano do qual nunca se esquecerá. Você aprendeu uma língua, viveu outra cultura, saiu de dentro de si, recusou sua zona de conforto, foi dar um rolê e ver qual era. Não se arrependa. Você teve a coragem que a maioria das pessoas não tem. Você tem a minha admiração por ter tentado. E a de muita gente. Mais do que você imagina. Mais do que as palavras que efetivamente chegarão até seus ouvidos. Ainda que parte dessa admiração exista na forma de inveja.

Você está vivendo um limbo mormaçoso, um momento de passagem. Você está sentindo esses dias que correm como um calvário, como um purgatório. A volta precoce ao país, a dificuldade de se recolocar profissionalmente são dias de angústia, de insegurança, de baixa autoestima, de fadiga depressiva em relação ao futuro.

Não se engane: você já deu certo na vida. E vai dar mais ainda. E nada do que você fez vai tirar isso de você. Ao contrário. Você conquistou muito. E continuará conquistando. Então, não se arrependa. E não se perca do seu sorriso, da sua alegria de viver, da sua leveza e do seu alto-astral para lidar com o mundo e com as coisas. Essas são as suas marcas registradas. Tenha orgulho delas. Respeite-as. Defenda-as. (Inclusive de você mesma.)

Encontre a sua verdade

A verdade é revolucionária. A verdade é corajosa. A verdade liberta.

Para fazer coisas grandes é preciso dizer a verdade. A sua verdade. É preciso admiti-la para si mesmo – e diante dos outros. Sem medo de desagradar a alguém, nem do que os outros vão pensar ou falar a seu respeito.

A maior mediocridade é se limitar a dizer só aquilo que é politicamente correto, só aquilo que é permitido e confortável para você mesmo e para os outros, e operar somente pela etiqueta, sem jamais correr o risco de tirar alguma coisa do lugar ou de quebrar alguma louça, por mais que a causa valha a pena ou a ocasião demande.

A conformidade, e o compromisso de ser legal e bonzinho o tempo todo, e a opção pelo silêncio, pelos panos quentes, pelos bons modos e pelo bom senso são coisas medíocres. Que vão lhe apequenar, que lhe impedirão de ser quem você é.

A verdade é disruptiva. Diga o que pensa. Inclusive para ser contraposto e para, eventualmente vencido em suas convicções, poder trocar de ideia. Quem não se expõe não cresce e não aprende. Ao não desafiar os paradigmas estabelecidos no ambiente, e ao respeitar os velhos tabus, você não contribui em nada para que o mundo avance e gire para o lado certo.

Precisamos aprender a discordar. Precisamos debater mais. De modo franco, intelectualmente honesto, equilibrado. Ser incisivo não implica deixar de ser polido. Vencer uma discussão não tem que acarretar em agressão ao adversário nem em perda de amigos.

Viva o papo reto. A queda das máscaras. A acareação de visões antagônicas, a busca e a aceitação de quem o outro é – e não daquilo que nós gostaríamos que ele fosse, e que não raro impomos ao outro como único jeito de ele nos conquistar: "Seja aquilo que eu espero de você ou caia fora."

Diga o que tem de ser dito. Em boca fechada, não esqueça, não entram – nem saem – beijo travoso, comida boa, bebida gostosa, sorriso radiante, palavras que transformam. Lábios cor de túmulo não combinam com nenhuma das coisas que fazem a vida valer a pena.

Sim, a verdade é revolucionária.

Sim, a verdade requer coragem.

E, sim, ela liberta.

Coisas que desejo para mim e para você

Que você seja uma presença e não uma promessa.

Que você se consolide como uma realidade e não como um projeto.

Que você possa abrir novos negócios e empregar mais talentos.

Que na sua empresa e na sua carreira, dentro ou fora do empreendimento, você seja sempre um motor funcionando com o melhor dos ritmos.

Desejo a você tudo isso.

É o que desejo para mim também.

Gostaria de encerrar deixando aqui seis votos. De fazer aqui seis pedidos:

SAÚDE

O combustível físico para ir adiante. O vigor do *corpore sano* para acordar todo dia, lavar o rosto, escovar os dentes e ir à luta. A gente é muito frágil. Qualquer dia pode ser o último. Morte morrida ou (especialmente, nesse país) morte matada. Acidente de trânsito ou acidente vascular cerebral. Vírus, bactéria ou parada cardíaca. Plim. Ponto final. Tchau. A gente está sempre por um fio. É só tirar uma chapa, encontrar uma manchinha fora de lugar e tudo corre o risco de ficar pela metade, de ficar para trás, inapelavelmente. Então, peço saúde.

AMOR

O combustível da alma. Naquela linha pra lá de sábia do Rei: "De que vale tudo isso se você não está aqui?" Peço amor. Conexão anímica. Amar quem ama você e ser amado por quem você ama. O grande sentimento humano. A base de todas as coisas. O que faz tudo fazer sentido.

HARMONIA

O lubrificante das relações. A arte de estar de bem com a vida, consigo mesmo e com os outros. A vontade genuína de sorrir sempre, de oferecer o seu melhor. E de receber isso de volta das pessoas. Gentileza. Respeito. Cuidado nas relações. Delicadeza. Generosidade. Tratar o outro do jeitinho que você gostaria de ser tratado. Ou melhor: do jeitinho que você sabe que o outro gostaria de ser tratado.

CORAGEM

A capacidade de acelerar, de ir em frente, de enfrentar o desconhecido, de encarar o novo. O contrário do medo. É preciso coragem para não se acovardar, para não virar um pusilânime, um repetidor, um burocrata, um mantenedor. Ou pior: um traidor, um delator, um fraco de caráter. É preciso coragem para tomar as grandes decisões da sua vida. Não é possível dar qualquer passo bem dado sem coragem. Não é possível ter orgulho de si mesmo cultivando o medo como a um bichinho de estimação.

ALEGRIA

Talento para atravessar o dia a dia com alma leve. Para enxergar sempre a metade cheia do copo. Talento para rir de si mesmo, rir da vida. Para acreditar em si mesmo e no porvir. Otimismo. Talento para respeitar mais as suas risadas do que as suas lágrimas. E para dizer mais sim do que não. Talento para sorrir para o mundo – mesmo quando o mundo eventualmente não lhe sorri de volta. A felicidade é uma arma quente – e contagiosa.

PROSPERIDADE

Peço, por fim, tranquilidade financeira. Comida em cima da mesa. Meus filhos na escola, vestindo e calçando bem. Minha família sem apertos nem restrições que nos tirem do terreno da dignidade.

Não sei bem a quem pedi tudo isso. Talvez seja uma oração – na medida em que isso é possível para um ateu. Tenho, de algum modo, recebido um pouco disso tudo. Não sei bem a quem agradecer. Mas agradeço mesmo assim.

E se ainda for possível um último desejo, peço paz de espírito. É só e tudo isso o que busco. Tocar a vida sem grandes angústias, com a ansiedade sob controle, com tranquilidade para ampliar serenamente as conquistas, com a mente focada no presente, com a sensação boa de que tudo vai dar certo, de que não estou em dívida com ninguém, de que estou construindo uma obra da qual vou me orgulhar daqui a uns anos, quando olhar para trás. É o que desejo para mim. E é o que desejo para você também.